AF383984

UNIVERSITÉ DE FRANCE.

FACULTÉ DE DROIT DE STRASBOURG.

THÈSE

POUR

OBTENIR LE GRADE DE LICENCIÉ EN DROIT,

PRÉSENTÉE ET SOUTENUE PUBLIQUEMENT

A LA FACULTÉ DE DROIT DE STRASBOURG,

le lundi 24 août 1835, à midi,

PAR

D. J. FRANÇOIS,

DE CHALAINES (DÉPARTEMENT DE LA MEUSE),

BACHELIER ÈS-LETTRES ET EN DROIT.

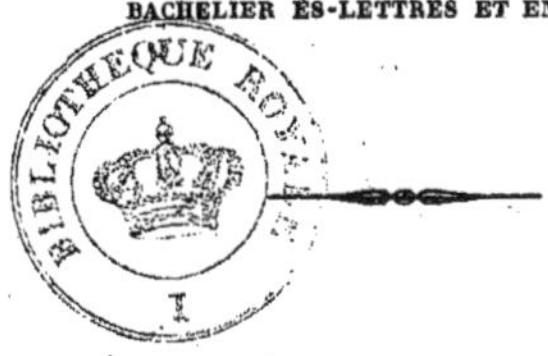

STRASBOURG,

IMPRIMERIE DE G. SILBERMANN, PLACE SAINT-THOMAS, N° 3.

1835.

AUX MANES

DE MON

RESPECTABLE GRAND-PÈRE,

Souvenir et regrets éternels.

A MA GRAND'MÈRE.

Respect filial.

A MON PÈRE

ET

A MA MÈRE.

Amour et reconnaissance.

D. J. FRANÇOIS.

FACULTÉ DE DROIT DE STRASBOURG.

M. Kern, Doyen de la Faculté de Droit.

M. Thieriet, Président.

EXAMINATEURS:

MM. Thieriet . . . . . .
Hepp . . . . } Professeurs.
Aubry . . . . . .
Rau . . . . Professeur-suppléant.

DROIT CIVIL.

DU COMMODAT OU PRÊT A USAGE.

INTRODUCTION.

Si chacun avait ce qu'il pourrait désirer pour la commodité,
la conservation et l'agrément de son existence, il n'y aurait point
de société parmi les hommes; c'est la réciprocité des besoins, et
l'échange continuel des services qui font la base de la société hu-
maine.

Parmi les différentes manières dont les hommes peuvent s'entre-
aider et subvenir à leurs besoins réciproques, doit, sans doute, être
classé le prêt.

Le sort a voulu que nous eussions le prêt à usage ou commodat
à traiter. Dans cette dissertation, nous essaierons, en établissant
d'abord les principes qui régissent ce contrat, d'en tirer quelques
conséquences le plus communément applicables dans la vie sociale.

CHAPITRE PREMIER.

Du commodat.

Section première.

De la nature du commodat.

Le *commodat* ou *prêt à usage* est un contrat par lequel l'une
des parties livre une certaine chose à l'autre pour s'en servir, à la
charge de la restituer après s'en être servi.

On nomme *préteur* celui qui donne la chose et *emprunteur* celui qui s'en sert.

Nous exposerons dans cette section ce qui caractérise particulièrement ce contrat, en un mot, ce qui est de son essence.

Il est de de l'essence de ce contrat.

1° Qu'il y ait une chose livrée (1875).

2° Que le préteur conserve sur la chose prêtée tous les droits qu'il avait auparavant (1877).

3° Qu'il y ait un certain usage pour lequel la chose soit prêtée, et que cet usage soit le but et la fin que les parties se sont proposés dans ce contrat.

4° Que la chose prêtée soit rendue *in individuo.*

5° Que le prêt soit gratuit.

§. 1er

D'abord, comme pour toute convention, le consentement réciproque des parties en est la base ; ensuite, il faut qu'il y ait une chose livrée.

Ainsi, outre le consentement requis pour tous les contrats, il faut nécessairement la tradition d'une chose pour qu'il y ait commodat ; cette condition essentielle résulte de la force des choses ; en effet, ce contrat a pour objet de procurer à l'emprunteur l'usage d'une chose ; mais cet usage lui serait impossible, tant que cette chose ne lui serait point livrée. De plus, une des obligations de ce contrat, c'est la restitution de la chose par l'emprunteur. Or, cette obligation ne peut, sans fausser tout principe de bon sens, naître avant que la chose ne lui soit livrée. Nous dirons donc que le commodat est un de ces contrats que la doctrine nomme contrats réels, c'est-à-dire qui, outre le consentement requis pour les contrats consensuels, exigent encore, pour être parfaits, la remise d'une chose.

Peu importe comment s'opère la tradition; elle peut être réelle, symbolique ou fictive. Ainsi, si l'emprunteur était déjà détenteur de la chose, à un titre quelconque, le simple consentement du maître, à ce qu'il en usât à titre de prêt à usage, opérerait une tradition suffisante.

. Pour qu'il y ait commodat, il n'est pas nécessaire que la remise de la chose s'opère directement et immédiatement par la personne du prêteur à celle de l'emprunteur. Le contrat existe et produit tous ses effets, lors même que cette remise s'opère, soit entre l'une des parties contractantes et un tiers, soit entre des tiers seulement, pourvu que ces tiers agissent respectivement par l'ordre de la partie qu'ils représentent.

§. 2.

Le prêteur conserve sur la chose prêtée tous les droits qu'il avait auparavant (1877).

L'emprunteur ne reçoit, en effet, la chose prêtée que pour s'en servir à l'usage pour lequel elle lui est prêtée. De là la conséquence que le prêteur n'en perd ni la propriété ni la possession civile. L'emprunteur n'est que simple détenteur et il n'est censé détenir la chose qu'au nom de celui qui la lui a prêtée.

· Cette décision était déjà consacrée par les lois romaines. *Rei commodotæ et possessionem et proprietatem retinemus; L. 8 ff. Com. vel contra.*

Mais faut-il absolument être propriétaire de la chose prêtée? Nous ne le pensons pas; le prétendre ce serait s'attacher trop servilement à la lettre de l'art. 1877 qui porte : « Le prêteur demeure propriétaire de la chose prêtée. » Peu importe, en effet, à l'emprunteur que le prêteur soit propriétaire ou non, il n'en est pas moins tenu envers lui de toutes les obligations de celui qui reçoit la chose à titre de prêt à usage, telle que celles de conserver cette chose, de la restituer, etc. C'est pourquoi nous avons cru devoir substituer la

(4)

rédaction ci-dessus à celle de l'art. 1877. Nous reviendrons sur cette question en parlant de la troisième obligation de l'emprunteur. Voyez L. 15 et 16 ff. *Com. vel contra.*

§. 3.

Un certain usage pour lequel la chose soit prêtée, etc., etc.

Il n'importe pour quel usage, pourvu qu'il ne soit contraire ni aux lois ni aux bonnes mœurs; le commodat prend naissance et produit ses effets, lors même que la chose n'est point prêtée pour servir à son usage propre et naturel.

Ainsi, je puis très-bien vous prêter à titre de prêt à usage mon cheval de selle pour labourer vos terres, mon bœuf pour rentrer vos récoltes.

Le prêt que je vous fais de mes tableaux pour les donner en gage à votre créancier, constitue aussi un véritable prêt à usage.

Mais il en serait différemment si, à votre prière, j'avais moi-même donné la chose à votre créancier en nantissement de votre dette.

Ulpien nous apprend que ces deux points ont soulevé d'abord des doutes et des controverses parmi les anciens, mais ensuite la législation romaine les a décidés dans les termes ci-après : *Rem tibi dedero ut creditori tuo pignori dares, dedisti, non repignoras ut mihi reddas, Labeo, ait commodati actionem locum habere.*

Plane si ego pro te rem pignori dedero tua voluntate, mandati erit actio, Loi 5, §. 12, ff., *Commodati vel contra.* Mais pour qu'il y ait commodat, il faut que l'usage pour lequel la chose est prêtée soit l'objet principal et la seule fin de la remise qu'on en fait.

Ainsi la tradition que Pierre ferait de son cheval à Paul, en exécution de la convention par laquelle, lorsqu'il le marchandait, il a été décidé que ce dernier l'aurait à l'essai pendant un certain temps, ne constituerait par un prêt à usage, car l'usage qu'on lui accorde de ce cheval n'est point la fin que les parties se sont pro-

posée, mais n'est qu'un moyen d'arriver à cette fin, qui est la con-
clusion d'un marché.

Pareillement, la remise que je fais de ma montre à un horloger
pour qu'il me dise le prix qu'elle peut valoir, ne constitue point
non plus un commodat.

Il en est de même de tous les cas analogues.

*Si quis pretii explorandi causa rem tradat, neque depositum
neque commodatum erit.* L. 1. §. 1. ff. *De præscriptis verbis.*

§. 4.

Que la chose prêtée soit rendue in individuo (1875).

Cette condition essentielle est une conséquence nécessaire de
la seconde, où nous avons dit que le prêteur conserve sur la
chose prêtée tous les droits qu'il avait auparavant.

C'est la réunion de ces deux conditions, c'est-à-dire d'une part,
la conservation de tous les droits du prêteur sur la chose prêtée,
et d'autre part, l'obligation de l'emprunteur de la rendre *in individuo,* qui distingue principalement le prêt à usage d'un autre
prêt, appelé *prêt de consommation.*

Nous ne nous étendrons pas davantage sur ce point dans ce
paragraphe. Nous y reviendrons lorsque nous parlerons des obligations de l'emprunteur.

§. 5.

Que ce contrat soit à titre gratuit.

Cette condition est tellement de son essence, qu'il n'y a plus
commodat dès qu'il y a stipulation d'un prix ou d'une récom-
pense. Si le prix consiste en une somme d'argent, le contrat de-
vient un louage (1709); s'il consiste en toute autre chose, par
exemple, si je vous prête ma voiture pour tel voyage, à charge
par vous de me prêter la vôtre dans un certain temps, c'est un
contrat tenant plus encore du louage que du commodat; en un

mot, c'est un de ces contrats innommés pour l'exécution desquels les Romains donnaient l'action *præscriptis verbis.*

Quoique le prêt à usage soit essentiellement gratuit, il n'est cependant pas impossible qu'il ait lieu pour l'avantage des deux parties contractantes; tel est, par exemple, le cas où, voulant, vous et moi, donner à dîner à un ami commun, je vous prête mon argenterie pour le recevoir chez vous, où vous devez nous traiter l'un et l'autre (voyez la Loi 18. *in fine* ff. *Com. vel contra,* d'où cet exemple est tiré).

Les lois romaines supposent même des cas dans lesquels le prêt est principalement fait dans l'intérêt du prêteur. *Ut puta, si quis sua duntaxat causa commodavit, sponsæ fortè suæ, vel uxori quó honestius culta ad se deduceretur: vel si quis ludos edens prætor scenicis commodavit.* Loi 5, §. 10, *hoc tit.*

Enfin, les engagemens qui se forment par le commodat passent aux héritiers du prêteur et de l'emprunteur, à moins que le prêt n'ait été fait qu'en considération de l'emprunteur et à lui personnellement; cette décision n'est qu'une application formelle de l'art. 1122, qui porte « qu'on est censé avoir stipulé pour soi et pour ses héritiers et ayant-cause, à moins que le contraire ne soit exprimé, ou ne résulte de la nature du contrat. » *Qui contrahit, sibi et heridi suo contrahit.*

SECTION II.

Des choses qui peuvent être la matière du prêt à usage.

Tout ce qui est dans le commerce, porte l'alinéa 1er de l'article 1878, peut être l'objet du prêt à usage.

Le commerce est le droit de vendre et d'acheter, *vendendi emendique jus.* Les choses qui sont dans le commerce, étant donc celles qui peuvent être vendues et achetées, des meubles et des immeubles peuvent être l'objet du prêt à usage. Je puis vous prêter ma maison, mes caves, mes greniers, comme je puis vous prêter mon habit, ma montre, etc. Cependant, les meubles font plus souvent l'objet de ce contrat: *Sed ut apparet propriè commodata res dicitur et quæ soli est: idque et Cassius exisitmat Vivianus amplius, etiam habitationem commodari posse ait.* Loi 1, §. 1, *Com. vel contra.*

Cette grande portée de l'alinéa 1ᵉʳ de l'art. 1878 se trouve restreinte par l'alinéa 2 qui ajoute: « et qui ne se consomme pas par l'usage. »

Cette restriction découle nécessairement de l'obligation essentielle imposée à l'emprunteur de restituer la chose *in individuo.* En effet, comment pourrait-il rendre la chose prêtée elle-même, si cette chose pouvait s'anéantir, soit par une consommation naturelle, comme le blé, le vin, etc., soit par une consommation civile, comme l'argent.

Toutefois, ce principe reçoit exception, et les choses qui sont de nature à se consommer par un premier usage, peuvent faire l'objet d'un commodat régulier; c'est le cas où elles sont prêtées non pour leur usage naturel, mais seulement pour la montre, *ad ostentationem.* Ne se consommant point par ce mode d'usage, rien n'empêche qu'elles ne puissent devenir la nature de ce contrat. Tel est le cas où des receveurs infidèles, ayant diverti des sommes de leur caisse, empruntent pour y figurer le jour de l'inspection, des sacs d'argent qu'ils s'obligent de rendre aussitôt l'inspection terminée; *Non potest commodari, id quod usu consumitur, nisi forè ad pompam vel ostentationem quis accipiat.* Loi 3, §. 6, ff. *Com. vel contra. Sæpe etiam ad hoc commodantur pecunia, ut dicis gratia numerationis loco ostendantur vel intercedant.* Loi 4, ff., *h. tit.*

De ce qu'il n'y a que les choses qui sont dans le commerce qui peuvent faire la matière du commodat, il s'en suit que toutes celles dont la loi défend ou prohibe l'aliénation ne peuvent être l'objet de ce contrat; tels sont les livres ou manuscrits immoraux.

(8)

Mais par cela qu'une chose se trouve dans le commerce, et ne
se consomme point par l'usage, peut-elle être l'objet d'un commodat valable? Je réponds que non; qu'il faut, de plus, que ces
choses ne soient point remises *sciemment* pour servir à un mau-
vais usage: par exemple, dans le cas où je prête à Jacques une
échelle pour l'aider à commettre un vol, un fusil pour commettre
un crime, ce n'est point un contrat de commodat, mais une com-
plicité du crime : aussi dans ce cas et autres semblables, il ne saurait
y avoir lieu à l'action résultant du commodat, soit pour faire con-
damner l'emprunteur à des dommages-intérêts pour non-restitu-
tion de la chose prêtée, qui aurait péri par sa faute, ou qui aurait
été confisquée et détruite par ordre de la justice, soit même pour
la faire rendre, dans le cas où elle existerait encore. Nous dirons
de plus, que, dans tous ces cas, il ne se serait point formé de
contrat entre Pierre et moi, et que son obligation de rendre la
chose que je lui ai remise ne produirait aucun effet (Arg., des
art. 1108 et 1131 combinés). Telle était aussi la décision des lois
romaines : *Quamdo utriusque contrahentium turpitudo versatur,
melior est causa possidentis. L. 3 ff. De condict. ob turp. causam.*

*Pacta quæ contra leges constitutionesque, vel contra bonos mores
fiunt, nullam vim habere indubitati juris est. L. 6 Cod. De pactis.*

Il peut cependant arriver que la remise que l'on fait à une
personne de livres ou manuscrits immoraux, constitue un commodat valable. Par exemple, lorsqu'on les prête à quelqu'un pour
les réfuter; car ici, la remise qu'on en fait, n'a point une cause
illicite, mais une cause honnête et légitime.

SECTION III.

Des personnes entre lesquelles le commodat peut avoir lieu.

Ce contrat, comme tous les autres, ne peut, en général, avoir
lieu qu'entre personnes capables de contracter.

L'art. 1123 nous apprend que toute personne peut contracter, si elle n'en est pas déclarée incapable par la loi. Les personnes que la loi déclare incapables sont les mineurs, les interdits, les femmes mariées, dans les cas exprimés par la loi, et généralement tous ceux auxquels la loi a interdit certains contrats (art. 1124). Telles sont, par exemple, les personnes soumises à un conseil judiciaire.

Notre Code, ne faisant point, comme le Droit romain, de distinction entre les différens âges qu'embrasse la minorité, il ne consacre de distinction légale, quant à la capacité des mineurs de contracter, qu'entre les mineurs émancipés et ceux qui ne le sont pas.

Le mineur non émancipé est frappé d'incapacité de contracter, mais les personnes capables de s'engager, ne pouvant opposer son incapacité pour se dispenser de l'exécution des engagemens qu'elles ont contractés avec lui, sont nécessairement liées par ces engagemens (art. 1125). De là cette double conséquence, que le mineur non émancipé ne peut s'obliger envers les autres, mais qu'il peut obliger les autres envers lui.

Appliquant maintenant ces principes au commodat, nous dirons que la chose donnée ou reçue par le mineur non émancipé, à titre de prêt à usage, ne donne naissance contre lui à aucune des obligations qui découlent de ce contrat. Et s'il est tenu de restituer la chose à l'époque convenue ou après s'en être servi à l'usage pour lequel elle lui a été prêtée, ce n'est point en vertu d'un vrai contrat de commodat, mais par la seule force de l'équité naturelle, qui ne veut pas qu'on s'enrichisse aux dépens d'autrui ; or, dans l'espèce, le mineur, en ne restituant pas la chose, s'enrichirait nécessairement aux dépens de celui à qui elle appartient. *Jure naturæ æquum est, neminem, cum alterius detrimento, fieri locupletiorem.*

Même si, par suite de fautes commises dans la garde de la chose prêtée, celle-ci vient à périr, le mineur ne sera tenu de rien ; seulement s'il tire un avantage de cette perte, il en sera tenu jusqu'à concurrence de ce dont il aura profité, toujours en vertu du principe cité ci-dessus. *Sed mihi videtur, si locupletior pupillus factus sit, dandam utilem commodati actionem, secundum divi pii rescriptum.*

Cependant, si le mineur parvenu à l'âge de raison, *jam capax doli*, commettait une véritable fraude, un dol relativement à la chose prêtée, soit en la détériorant, soit en la détruisant malicieusement, et avec intention de nuire au prêteur, je crois que dans ce cas il serait tenu de cette perte ou détérioration, lors même qu'il n'en aurait tiré aucun avantage (Argument de l'article 1310 qui porte « que le mineur n'est point restituable « contre les obligations résultant de son délit ou quasi-délit. »)

Le mineur pouvant rendre sa condition meilleure, et par conséquent, comme nous l'avons dit, obliger les autres en sa faveur, celui qui contracterait avec lui, soit comme prêteur, soit comme emprunteur, serait lié par le contrat de commodat et soumis à toutes les obligations qui en naissent.

Ce que nous venons de dire s'applique parfaitement à la femme mariée non autorisée qui, sous le point de vue de sa capacité de contracter, est en tout assimilée au mineur non émancipé.

Cependant, par exception à ce principe, je crois que la femme séparée de biens, qui a la libre disposition de son mobilier, qui peut l'aliéner sans l'autorisation maritale (art. 1449 du Code civ.), peut aussi, sans cette autorisation, faire un prêt à usage valable de cette espèce de biens; car qui peut le plus peut le moins; et le contrat qui se formerait entre elle et une personne capable produirait de part et d'autre les obligations qui naissent du commodat.

Quant à l'interdit, nul doute qu'il ne peut en aucun cas être tenu des obligations qui naissent du contrat de prêt à usage (art. 502 et 1125).

Mais la personne capable qui lui aurait donné ou qui aurait
reçu de lui un objet quelconque à ce titre, serait liée par toutes
les obligations qui en sont la suite, puisqu'elle ne peut alléguer
l'incapacité de l'interdit avec lequel elle a contracté (art. 1125).

Parlons maintenant du mineur émancipé.

Peut-il être tenu des obligations qui naissent du commodat?

Par l'émancipation la capacité du mineur s'accroît. Dégagé des
liens de la tutelle, il se trouve, dit M. Proudhon, dans un état mi-
toyen entre le majeur et le mineur en tutelle. Il peut, sans être
restituable, sauf les cas où le majeur le serait lui-même, passer
des baux dont la durée n'excède pas neuf années, recevoir ses
revenus, en donner valable décharge, en un mot il peut faire des
actes de pure administration, mais sa capacité s'arrête là (481).

Voilà le droit commun; eh bien, c'est à ce droit commun que
nous devons nous attacher; et les règles qu'il prescrit doivent nous
guider dans la solution de notre question, puisque le Code ne contient nulle part de dispositions particulières sur la capacité du mineur émancipé, relativement au contrat qui nous occupe. Ainsi
nous dirons donc, que toutes les fois que l'acte par lequel le mineur émancipé donnera ou recevra une chose à titre de prêt à usage,
pourra être regardé comme un acte de pure administration, il sera
tenu de toutes les obligations qui naissent de ce contrat.

Nous en disons autant de celui qui a été juridiquement placé
sous l'assistance d'un conseil judiciaire, pour ce qui regarde les
obligations qu'il aurait ainsi contractées sans l'assistance de ce
conseil.

Notre opinion est fondée sur les observations présentées par la
section de législation du tribunat lors de la discussion de l'art.
499, cette section dont l'amendement sur le texte de cet article
a été admis, a pensé, que l'interdit devait être assimilé à un
mineur non émancipé, et que celui à qui on donne un conseil,
devait être comparé à un mineur émancipé. Il paraît donc dans

l'ordre de prendre, à l'égard de celui qui a un conseil, les précautions prescrites, par rapport au mineur émancipé, par l'art. 7 (482) du chapitre III du projet de loi sur la minorité, la tutelle et l'émancipation.

Il y a parité de raison.

CHAPITRE II.

Des obligations qui naissent du commodat.

Deux espèces d'obligations naissent de ce contrat. Celles du prêteur et celles de l'emprunteur. Nous traiterons dans une première section des obligations de l'emprunteur ; celles du prêteur feront l'objet de la seconde.

SECTION PREMIÈRE.

Des obligations de l'emprunteur.

L'emprunteur est tenu :

1° De veiller en bon père de famille à la garde et à la conservation de la chose prêtée (1880).

2° De ne s'en servir qu'à l'usage déterminé par sa nature ou par la convention et seulement pendant le temps convenu, expressément ou tacitement.

3° De rendre cette chose.

§. 1er.

Obligation de veiller, etc.

Le caractère de bienfaisance et de désintéressement attaché au prêt à usage, impose à l'emprunteur l'obligation de veiller en bon père de famille à la garde et à la conservation de la chose qui appartient à l'homme généreux qui l'oblige. Des soins ordinaires ne suffisent pas ; il doit y apporter ceux que l'homme le plus atten-

(13)

tif a coutume d'apporter à ses propres affaires (art. 1880 et 1882
combinés). Voyez Pothier, n° 48, Merlin, *Répert. Verbis, Du prêt
à usage*, §. 6, Duranton, n° 521, au titre du *Commodat*[1].

C'est ce qu'enseignait déjà Gaius : *Is vero qui utendum accepit,
si majore casu cui humana infirmitas resistere non potest (veluti
incendio, ruina, naufragio), rem quam accepit, amiserit, securus
est: alias tamen exactissimam diligentiam custodiendæ rei præstare compellitur; nec sufficit ei eamdem diligentiam adhibere,
quam suis rebus adhibet, si alius diligentior custodire poterit.*
L. 1 §. 4 ff. *De oblig. et act.*

Ce principe, que l'emprunteur doit apporter à la garde de la
chose prêtée le soin le plus exact, souffre exception dans les cas
suivans: 1° lorsque, contre l'ordinaire, le prêt est fait dans l'intérêt des deux parties contractantes. L'emprunteur, dans ce cas,
n'est plus tenu que des soins qu'un bon père de famille a coutume
d'apporter à ses propres affaires (1137)[2]; 2° Lorsque les parties sont
expressément convenues que l'emprunteur ne doit apporter à la
garde de la chose qu'un soin ordinaire, il ne répond que de sa
négligence. Et même, si les parties convenaient que l'emprunteur
ne sera obligé à rien pour la conservation de cette chose, il ne
répondrait que de son dol ou de sa mauvaise foi.

3° Enfin, on devrait aussi décider que, si la chose a été prêtée pour
servir à un usage qui aurait seulement l'intérêt du prêteur pour
but, comme dans l'exemple cité, lorsque nous avons traité du prêt

---

[1] Voyez aussi le rapport fait au tribunat par M. Bouteville au nom de la section
de législation.

[2] Nous ne sommes point entré dans le détail de la théorie des fautes établie
par le Droit romain, qui les a divisées en trois classes, *culpa lata*, faute large,
culpa levis, faute légère et *culpa levissima*, faute très-légère, parce que cette distinction a été abrogée par le Code (art. 1137). Cependant on peut facilement
reconnaître qu'elle a encore influé sur la pensée du législateur, quand on lit
attentivement les articles 804, 1374, 1992, 1882, 1927 et 1828 du Code civil.

à usage, l'emprunteur ne serait aussi tenu que de son dol et de sa mauvaise foi (Poth. n° 51, Loi 5, §. 10, ff. *hoc. tit.*).

Toutefois, l'appréciation des soins que l'emprunteur doit, selon les circonstances, apporter à la garde de la chose prêtée, est entièrement abandonnée à l'arbitrage des juges, et leurs jugemens, dans tous ces cas, n'étant qu'une simple appréciation de faits, seraient toujours à l'abri du recours en cassation.

Despeisses prétendait que l'emprunteur n'est aussi tenu que de son dol et de sa faute large, lorsqu'on lui a prêté la chose avant qu'il l'ait demandée.

Nous ne pouvons partager l'opinion de cet auteur, car il nous semble illégal et contre le bon sens, que l'empressement d'une personne à se dessaisir de sa chose, pour nous rendre un service que, peut-être, malgré un besoin urgent, nous n'osions réclamer, diminue notre obligation et nous dispense d'employer à la conservation de cette chose, les soins que nous sommes obligés d'apporter à la conservation de celle que nous avons humblement demandée (Poth., n° 52).

Ici se présente la question de savoir si, dans le cas où l'emprunteur, par légèreté ou par insouciance de caractère, n'est pas capable de ce soin exact, on a cependant droit de l'exiger de lui. L'argument le plus fort, je crois, qu'on pourrait opposer pour soutenir la négative, est que personne n'est tenu à l'impossible. Je reconnais la force inattaquable de cet argument lorsqu'il est justement appliqué; mais dans l'espèce il manquerait entièrement de justesse: car, ce principe n'est véritable qu'à l'égard de ce qui est absolument impossible, c'est-à-dire impossible pour tout le monde, et non à l'égard de ce qui étant possible en soi, est seulement impossible à celui qui s'y est témérairement obligé. D'ailleurs, pourquoi faire supporter au prêteur les suites de la témérité de l'emprunteur? Si ce dernier a contracté des obligations sans avoir consulté ses forces, il ne peut en imputer la faute qu'à lui seul, et non au prêteur

(15)

qui a fort bien pu ignorer les causes qui le rendent incapable de
ce soin. De plus, nous pouvons ajouter, *iniquum est officium suum
cuique esse damnosum.* Ainsi, nous pensons que dans ce cas l'emprunteur serait néanmoins tenu de tout le soin possible.

Cependant, cette décision ne doit point être prise d'une manière
trop absolue, et je crois que la qualité de l'emprunteur doit, dans
certain cas, être prise en considération pour régler l'étendue des
soins qu'il doit apporter à la conservation de la chose prêtée; c'est
ainsi qu'on ne pourrait régulièrement exiger de l'écolier à qui on
prête un cheval les mêmes soins que d'un écuyer (Pothier, n° 49,
Dumoulin, dans son traité *de eo quod interest,* n° 185).

L'emprunteur doit donner ses soins et étendre sa circonspec-
tion non-seulement à la chose principale, mais aussi à la chose
accessoire qui la suit. *Usque adeo autem diligentia in re commodata præstanda est, ut etiam in ea quæ sequitur rem commodatam
præstari debeat: ut putà equum tibi commodavi, quam pullus co-
mitabatur : etiam pulli te custodiam præstare debere, veteres res-
ponderant.* Loi 5, §. 9, ff. *hoc tit.* Pothier, n° 54. Duranton, n° 524.

Il ne suffit pas, avons-nous dit, que l'emprunteur apporte à la
conservation de la chose prêtée les soins qu'il a coutume d'apporter
à ses propres affaires. De là les conséquences suivantes :

1° Si la chose prêtée périt ou se détériore, même par cas fortuit
dont l'emprunteur aurait pu la garantir, en employant la sienne
propre, la chose périt ou se détériore pour lui (art. 1882); tel est
le cas où le cheval de Pierre succombe ou éprouve quelque détérioration dans un voyage que je savais périlleux, pour lequel
je le lui avais emprunté, en prétextant que le mien, qui est atteint
d'une maladie, ne peut me servir à cet usage. Cette responsabilité,
qui m'est imposée, est entièrement fondée sur l'équité; car, il y
a mauvaise foi, de ma part, d'avoir dissimulé à Pierre que mon
cheval pouvait me servir, et il est probable que s'il eût connu ma
ruse et qu'il eût su que le besoin que j'avais ne provenait que

de la crainte d'exposer le mien au danger qu'il devait encourir dans cet usage, il m'aurait refusé le service que je lui demandais. Toute décision contraire à l'art. 1882 aurait consacré un moyen de s'enrichir aux dépens d'autrui; ce serait ici le cas d'appliquer ce principe : *Neminem æquum est cum alterius detrimento locupletari.* Mais, si je déclare de bonne foi à Pierre, que je ne lui emprunte son cheval que pour ne pas exposer le mien au danger que je prévois, et que le sien périsse ou se détériore pendant cet usage, je ne suis point tenu de l'indemniser; car, me le prêtant malgré cet aveu, il est sensé avoir consenti tacitement à exposer son cheval aux risques qu'entraîne l'usage pour lequel je le lui emprunte.

2° L'emprunteur répond de la perte de la chose arrivée par cas fortuit, lorsque, pouvant sauver seulement celle du préteur ou la sienne, il a préféré sauver cette dernière (1882). Par exemple, je tiens de vous quelques livres à titre de prêt à usage. Le feu prend chez moi, sans qu'on puisse m'imputer aucune faute : les flammes se développent et grandissent avec tant de vitesse, qu'elles menacent de tout embrâser. Cependant, ma bibliothèque étant dans un appartement reculé de ma maison, je puis sauver une partie des livres qu'elle contient, soit les vôtres, soit quelques-uns des miens. Je sauve de préférence ces derniers, je suis tenu de la perte des vôtres : c'est à juste titre, car pouvant sauver les uns ou les autres (c'est là notre supposition), j'ai, en préférant les miens, contrevenu à l'obligation que m'impose le contrat de prêt à usage, d'apporter à la chose prêtée plus de soins qu'à la mienne propre. *Si incendio vel ruina aliquid contigit, vel aliquod damnum fatale, non tenebitur, nisi forte quum posset res commodatas salvas facere, suas prætulit,* Ulpien, L. 5. §. 4. ff. *hoc tit.*

Cette décision paraît surtout incontestable lorsque la chose prêtée qui a péri était plus précieuse que celle que l'emprunteur possédait et qu'il a sauvée. En effet, dans ce cas on peut dire qu'il n'a pas agi en bon père de famille; car si les deux choses lui eussent appartenues, et qu'il eût pu sauver l'une ou l'autre, il n'aurait pas manqué de sauver la plus précieuse. Mais elle semblerait devoir souffrir plus de difficulté si la chose qui appartenait à l'emprunteur, et qu'il a sauvée, était plus précieuse que celle qui lui était prêtée et qu'il a laissé périr. Cependant nous pensons qu'on doit aussi soutenir qu'il est encore responsable dans ce cas de la perte de la chose prêtée. Il est vrai qu'on ne peut, comme dans l'espèce ci-dessus, lui reprocher de n'avoir point agi en bon père de famille; car si les deux choses lui eussent appartenu, il aurait immanquablement sauvé la plus précieuse. Mais rappelons-nous que l'emprunteur doit à la chose prêtée plus de soin qu'à la sienne propre, et qu'en la laissant périr pour sauver celle-ci, il a violé cette obligation. D'ailleurs, l'emprunteur n'est-il pas responsable de la perte de la chose prêtée, lorsqu'elle n'arrive point par cas fortuit ou force majeure : *Præstat omne periculum præter casus fortuitos; seu vim majorem.* Or, la force majeure est ainsi définie : *Une force à laquelle on ne peut ne pas céder : vis major cui resisti non potest.* Mais cette force si puissante, si invincible, n'existe point dans l'espèce actuelle, puisque l'emprunteur pouvait sauver l'une ou l'autre. Ce raisonnement suffirait à lui seul pour faire décider que dans notre hypothèse l'emprunteur est aussi responsable de la perte de la chose prêtée. Nous avons de plus en notre faveur l'art. 1882, qui ne fait aucune distinction. Sans examiner si la chose prêtée est plus précieuse ou non, cet article dit formellement *que si ne pouvant conserver que l'une des deux choses l'emprunteur a conservé la sienne, il est tenu de la perte de l'autre.* Sur un texte aussi formel, il ne nous est pas permis de distinguer. *Ubi lex non distinguit, nec nos distinguere debemus.*

Cependant il ne faut point pousser l'intention du législateur jusqu'à lui faire consacrer une injustice : aussi je pense que si le tumulte a été si grand dans la maison incendiée, qu'il n'a pas été possible de faire un choix des objets qui s'y trouvaient, qu'on n'ait pu en sauver qu'à la hâte quelques-uns au hasard, et comme ils se présentaient sous la main, l'emprunteur, en ce cas, ne serait point tenu de la perte des choses qu'il détenait à titre de prêt à usage, quoiqu'il n'en ait sauvé aucune; car, en ce cas, il est vrai de dire que les choses prêtées qui ont péri n'ont pu absolument être sauvées, n'étant pas celles qui se sont présentées sous la main. C'est là une de ces circonstances de force majeure, *cui resisti non potest.*

3° L'emprunteur est responsable de la perte de la chose prêtée arrivée par cas fortuit, lorsque ce cas fortuit a été amené ou même simplement occasioné par une faute de sa part (Arg. *a contrario* de l'art. 1884). *Commodatarius et in majoribus casibus, si culpa ejus interveniat, tenetur.* L. 1. §. 4, ff. *De oblig. et act. Quod vero morbo, vel vi latronum ereptum est, aut quid simile accidit : dicendum est nihil eorum esse imputandum ei qui commodatum recepit, nisi aliqua culpa interveniat.* L. 5. §. 4. ff. *Com. vel contra.* — Par exemple, vous me prêtez votre cheval pour aller dans tel lieu. Deux chemins y conduisent, l'un sûr et fréquenté, l'autre plus court, mais présentant des dangers. De ma propre autorité je prends ce dernier: Des voleurs m'assaillent, ils tuent votre cheval ou me l'enlèvent : la perte en sera pour moi; car il est plus que probable que sans la faute que j'ai commise de ne point prendre la route ordinaire, votre cheval n'aurait été exposé ni à l'un ni à l'autre de ces dangers.

Mais si, quoique je vous eusse averti que je prendrais ce chemin périlleux, vous eussiez consenti à me prêter votre cheval, et qu'il vînt à périr pendant cet usage, je ne serais point responsable de cette perte, car vous êtes censé, dans ce cas, avoir pris sur vous tous les risques auxquels je l'expose.

L'emprunteur répond aussi de la perte de la chose prêtée, arrivée même par cas fortuit, lorsque celle-ci a été estimée en la prêtant, s'il n'y a convention contraire (art. 1883).

Pothier nous apprend que ce point était fortement controversé entre les docteurs. Il rapporte qu'Accurse dans la glose sur la Loi 5 §. 3 ff. *Com vel contra;* Barthole en son sommaire sur les §§. 2 et suivans de cette loi; Davezan en son traité *de contractibus;* Domat et d'autres ont soutenu l'affirmative. Ces auteurs pensaient que cette estimation avait pour effet la translation du domaine. *Ut faciat venditionem et periculum transferat in accipientem.*

Pour la négative, il cite Panorme, Connanus, Zoëzius, Brunnemann, Guillaume-Prousteau, etc. Ce dernier sentiment, dit-il, me paraît le plus raisonnable. Ces derniers prétendaient que l'estimation par elle seule ne pouvait rien ajouter au contrat qui, par sa nature, ne met point la perte de la chose, arrivée par cas fortuit, aux risques de l'emprunteur, que cette estimation n'était point faite *venditionis causa et animo transferendi periculum in accipientem;* mais *intertrimenti causa duntaxat,* c'est-à-dire pour servir de base à la fixation des dommages-intérêts qui seraient dus par l'emprunteur, dans le cas où la perte ou la dégradation de la chose prêtée arriverait par quelque faute de sa part, mais sans que pour cela il en soit tenu, si cette perte ou détérioration arrivait par cas fortuit ou force majeure.

Le Code civil, tout en se rapprochant davantage des premiers, n'a cependant pas entièrement adopté leur avis; comme eux, il veut que l'estimation (s'il n'y a convention contraire) soit faite *animo transferendi periculi in accipientem;* mais il lui refuse cet effet *ut faciat venditionem,* c'est-à-dire que la chose est bien mise aux risques et périls de l'emprunteur, que la perte ou détérioration arrive ou non par cas fortuit ou force majeure, mais il ne veut pas que l'estimation lui en confère la propriété (Arg. des art. 1875 et 1877). Ce ne serait plus, en effet, un contrat de prêt à usage que les parties auraient fait, mais une véritable vente, d'où il suit que l'emprunteur ne serait pas en droit de retenir la chose, en offrant le prix de l'estimation, de même que le prêteur ne pourrait, au lieu de la chose, réclamer le prix de l'estimation, quoique la chose eût été détériorée par la faute de l'emprunteur; seulement il serait admis à demander à ce dernier des dommages-intérêts en raison de la détérioration.

Ainsi, sous l'empire de notre législation, nous pouvons dire que l'estimation, s'il n'y a convention contraire, met la chose prêtée aux risques et périls de l'emprunteur, et que, soit que cette convention existe, soit qu'elle n'existe pas, l'estimation n'a jamais pour objet de lui en transférer la propriété.

De ce second principe découle cette grave conséquence, que lors-même qu'il y a estimation, si la chose existe encore entre les mains de l'emprunteur qui est tombé en faillite ou en déconfiture, le prêteur pourra se la faire rendre en nature, tandis que si l'estimation valait vente, il viendrait seulement par contribution avec les autres créanciers. En effet, dans ce second cas, l'emprunteur ne serait point débiteur d'un corps certain et déterminé, mais seulement d'une simple créance; le prêteur se trouverait alors dans la condition d'un simple créancier, sauf toutefois le privilége qui lui serait accordé par le n° 4 de l'art. 2102, ou par le n° 1 de l'art. 2103, selon que la chose prêtée serait un meuble ou un immeuble.

Voici comment M. Bouteville, dans son rapport au tribunat, au nom de la section de législation, s'exprime sur l'art. 1883 qui nous occupe.

« Enfin, si le prêteur a voulu que sa chose fût estimée, il doit
« être présumé qu'il a pris cette précaution pour s'assurer de la
« restitution de la chose ou de son prix.

« Quelques jurisconsultes ont, sur ce dernier point, professé
« une doctrine contraire. A coup sûr, ils auraient embrassé l'opi-
« nion consacrée par le projet, si, au lieu de s'opiniâtrer à vouloir
« expliquer le texte obscur et embarrassant d'une loi romaine,
« ils s'étaient bornés à consulter les lumières de la raison.

« Au surplus, c'est toujours un bien que de fixer un point
« controversé; et sur une question au moins difficile, il est aussi
« naturel que juste de décider en faveur du prêteur.

§. 2.

*Obligation de ne se servir de la chose qu'à l'usage déterminé
par sa nature ou par la convention, et seulement pendant le temps
convenu expressément ou tacitement.*

L'emprunteur a le droit de se servir de la chose qui lui est
prêtée, mais son droit se borne à l'usage qui est déterminé, ou
par la nature de cette chose ou par la convention des parties (1880).
Si la chose vient à se détériorer ou à périr, pendant qu'il s'en sert
à cet usage légitime et sans qu'il n'y ait aucune faute de sa part,
la perte ou détérioration est à la charge du prêteur (art. 1884);
par exemple, vous m'avez prêté votre cheval pour faire tel voyage;
dans le trajet, des voleurs m'attaquent, enlèvent ce cheval, ou le
tuent; je ne serai point obligé de vous en payer le prix, s'il n'y
a aucune faute de ma part. Voy. L. 1. §. 14. ff. *De oblig. et act.*

Pothier nous apprend que quelques auteurs, entre autres Pufendorf et son annotateur Barbeyrac, prétendaient que tous les
risques que la chose n'aurait pas éprouvés chez le prêteur, de-
vaient être à la charge de l'emprunteur; car, disaient-ils, le bienfait ne doit pas être préjudiciable à son auteur: *Iniquum est officium suum cuique esse damnosum.* Ils ajoutaient que l'on devait
supposer dans le prêt la condition tacite d'indemniser le prêteur
de la perte de la chose prêtée, s'il arrivait que le prêt donnât
lieu à cette perte. Cependant Pufendorf exceptait le cas où la
chose empruntée a péri dans un incendie ou par quelque autre
accident avec tout le bien de l'emprunteur. Il regardait comme
inique et comme trop dur d'exiger de lui, dans ce cas, le prix
de la chose prêtée. Telle n'était point l'opinion de Pothier (voy. son
n° 55), et le législateur moderne, en adoptant l'avis de ce dernier

auteur, a cru, comme lui, ne devoir point, dans ce cas, violer le double principe, *res perit domino et omnes debitores rei certæ interitu rei liberantur.*

Il en est différemment, et l'emprunteur est responsable de la perte ou détérioration de la chose prêtée, arrivée même par cas fortuit, quoiqu'on ne puisse lui imputer aucune faute, s'il s'en sert à un usage autre que celui pour lequel elle lui a été prêtée (1881). Par exemple, si vous m'avez prêté certains objets pour m'en servir à la ville, que je les emporte à la campagne et que sur la route des voleurs me les enlèvent, je serai tenu de ce cas fortuit.

La même responsabilité pèse sur celui qui se sert de la chose pendant un temps ou à un usage plus long que celui pour lequel elle lui a été prêtée (art. 1881). Ainsi, je vous emprunte votre cheval pour quinze jours; je le conserve vingt, ou bien je vous l'emprunte pour faire un trajet de cinq lieues, j'en parcours huit; je suis responsable de sa perte ou détérioration arrivée même par cas fortuit et sans faute de ma part, pendant l'un ou l'autre de ces excédens d'usage.

Dans les cas de ces deux exemples, ou autres analogues, quoique la chose n'eût point péri ni éprouvé de dégradation, l'emprunteur pourrait, suivant les circonstances, être condamné envers le prêteur, à des dommages-intérêts (art. 1880), eu égard au temps pendant lequel il s'en est indûment servi.

Pothier, après avoir dit que le droit de l'emprunteur se borne à se servir de la chose à l'usage pour lequel elle a été prêtée, que, s'il s'en sert à un usage plus long, il est responsable de la perte arrivée même par cas fortuit, quoique sans faute de sa part, ajoute: « A moins qu'il n'ait un juste sujet de croire que le prêteur « y consentirait, s'il le savait (voy. son n° 21). »

Ainsi, je vous emprunte votre cheval pour aller en telle ville. Arrivé là, une affaire imprévue m'appelle plus loin. Je puis, pense cet auteur, licitement m'en servir pour aller jusqu'au lieu

(23)

où m'appelle cette nouvelle affaire, si les relations d'amitié que
j'ai avec vous et la connaissance que j'ai de votre caractère, me
donnent lieu de croire que vous ne me l'auriez pas refusé pour
cet excédent d'usage. Mais, ajoute le même auteur: « Il faudrait
« décider autrement, si, lorsque j'ai emprunté le cheval pour
« aller en telle ville, je savais déjà que je pourrais en avoir
« besoin pour aller plus loin et que je ne l'ai pas déclaré au prê-
« teur. Parce que, dit-il, cette réticence prouve que je n'étais pas
« bien assuré qu'il eût voulu me le prêter pour aller plus loin. »
Ce dernier point ne peut donner lieu à discussion. Mais M. Duranton regarde la première décision de Pothier comme fort dou-
teuse sous l'empire de notre Code.

Les partisans du premier système ne fondent leur décision que
sur deux suppositions d'intention, celle que le prêteur aurait consenti à prêter la chose pour ce surcroît d'usage, et celle, qui est non
moins incertaine encore, que l'emprunteur n'était point de mauvaise foi, et qu'il ignorait, en empruntant la chose, en avoir besoin
pour un usage plus long. Ce sont là des suppositions gratuites qu'il
serait souvent difficile, souvent même impossible, de constater dans
la pratique. D'ailleurs, je dirai avec M. Duranton, n° 518 : « Qu'on
« peut tout aussi bien supposer que l'emprunteur a entendu se
« charger des cas fortuits qui surviendraient pendant qu'il se ser-
« virait de la chose pour un usage excédant celui pour lequel on
« la lui avait prêtée, que de supposer le consentement du prêteur
« à ce qu'il s'en servît pour cet excédent d'usage. La première sup-
« position, dit-il, serait tout aussi naturelle et vraisemblable que
« la seconde. »
De plus, la manière formelle sans restriction, ni modification,
dont l'art. 1881 est rédigé, et ces paroles du rapport déjà cité de
M. Bouteville, « que sur une question difficile, il est aussi na-
« turel que juste de décider en faveur du prêteur », me portent
non-seulement à adopter le doute de M. Duranton, mais même

à penser que l'avis de Pothier ne peut point être admis sous l'empire de notre législation actuelle.

§. 3.

Obligation de rendre la chose prêtée (1875).

Ici se présentent les questions suivantes : Quand, à qui, où, en quel état l'emprunteur est obligé de rendre la chose? Quelles exceptions il peut faire valoir pour refuser de la rendre?

Comme nous avons déjà fait connaître les conséquences auxquelles s'expose l'emprunteur qui viole l'obligation qui lui est imposée de ne pas garder la chose ou de ne pas s'en servir pendant un temps plus long; et comme cette obligation et celle qui nous occupe maintenant sont corrélatives, nous ne croyons pas, afin d'éviter des redites, devoir nous y arrêter long-temps.

Nous dirons seulement qu'il est obligé de la rendre au jour convenu, ou, à défaut d'une stipulation particulière, après s'en être servi à l'usage pour lequel elle a été empruntée (Arg. *a contrario* de l'art. 1888), sauf, cependant, le cas exceptionnel prévu par l'article 1889.

La chose prêtée ne peut valablement être rendue qu'au prêteur lui-même, ou à un tiers ayant reçu de lui pouvoir de la recevoir (art. 1239); que ce tiers, alors mandataire, soit majeur, mineur émancipé ou femme mariée, la restitution faite entre ses mains ne libérera pas moins l'emprunteur, quel que soit d'ailleurs le résultat de ce mandat; car ce n'est point là faute de ce dernier si le prêteur, maître de ses intérêts, les confie à des mains peut-être inhabiles (art. 1990); et, dans ce cas, la chose est censée rendue au prêteur lui-même. *Quod jussu alterius solvitur, pro eo est quasi ipsi solutum esset.* Loi 180, ff. *De reg. juris.*

Le principe ci-dessus souffre exception dans les cas suivans :

1° Dans le cas de mort naturelle ou de mort civile du prêteur

(art. 718, voy. aussi la section 2 du chapitre II du titre de la jouissance et de la priv. des droits civils).

Dans ces cas la restitution ne peut valablement être faite qu'à
ses héritiers (sauf le cas où le mort civilement est contumax ; art.
471 , C. d'instr. crim.). Cependant, si, au jour de la mort naturelle
ou civile du prêteur, Pierre, son parent, se présente et se met en
possession de la succession, la remise que je lui ferai de bonne foi
de la chose que m'a prêtée le défunt, me libérera, bien que plus
tard, un parent plus proche se présente et l'évince (1240) *possessor
pro domino habetur*.

2° Lorsque le prêteur est un incapable (1241). Ainsi l'emprunteur ne serait pas libéré par la restitution qu'il ferait de la chose
prêtée entre les mains d'un interdit, d'un mineur émancipé ou
non, d'une femme mariée non autorisée ou de celui qui est soumis à un conseil judiciaire. Cependant, si le mineur émancipé,
la femme mariée et celui qui est soumis à un conseil judiciaire,
avaient pu valablement donner la chose à titre de prêt à usage,
d'après les règles que nous avons posées en parlant de leur capacité
pour contracter relativement au contrat qui nous occupe, la restitution qui en serait faite entre leurs mains libérerait entièrement
l'emprunteur.

3° Un troisième cas est celui où le prêteur, capable de donner
la chose à titre de prêt à usage, a changé d'état depuis le prêt.
Par exemple, si la fille majeure s'est mariée, si le mineur émancipé
a été privé du bénéfice de l'émancipation, si le majeur a été interdit : dans ces cas, la restitution ne peut valablement être faite
qu'à la femme autorisée de son mari ou au tuteur (1239).

Cependant, la restitution qui serait faite à des incapables ne serait pas absolument nulle. Elle serait toujours valable jusqu'à concurrence de ce dont ils en auraient profité. Ainsi, une telle restitution libérerait en partie et même entièrement l'emprunteur, selon
qu'il prouverait que la chose a, soit pour le tout, soit pour partie

seulement, tourné au profit de l'incapable (1241). *Nenimem œquum est cum alterius damno locupletari.*

4° Enfin, une quatrième et une cinquième exception se présentent dans le cas où le prêteur ràtifierait la restitution qui serait faite de la chose prétée à un tiers qui n'aurait pas même reçu de lui pouvoir de la recevoir, et dans celui où la restitution faite à ce tiers tournerait au profit du prêteur (art. 1239, 2ᵉ alinéa).

La restitution doit se faire dans le lieu désigné par la convention des parties ; à défaut de stipulation particulière, elle doit se faire dans le domicile du prêteur, à moins que, par la destination de ce dernier, elle ne soit ordinairement placée ailleurs, soit dans sa ferme, ou dans une maison voisine d'où elle a été tirée pour la prêter, auquel cas il devrait la rendre dans ce lieu (art. 1247), voy. Duranton n° 530; Merlin, *Répert.* V° du *Commodat.* §. 5.

Mais si, pendant l'existence du prêt, le prêteur avait transféré son domicile au loin, ou si, par suite d'une nouvelle destination de la chose, il avait décidé de la déposer dans un lieu éloigné, l'emprunteur ne serait point contraint de l'y transporter ; il serait obligé seulement de la rendre au lieu où elle était lors du prêt (1247, 2ᵉ al.); car ce n'est point dans ce lieu éloigné qu'il a entendu la rendre, et ce changement de domicile ou cette nouvelle destination lui sont tout-à-fait étrangères et ne peuvent aggraver son obligation. Cependant, si le lieu de ce nouveau domicile ou de la nouvelle destination était tel qu'en y faisant la restitution de la chose, l'obligation de l'emprunteur ne serait pas ou ne serait que légèrement aggravée, je crois qu'il ferait bien d'y transporter la chose, car il y aurait sinon illégalité, du moins mauvaise grâce et même ingratitude à prétendre qu'il ne s'y est point obligé.

Les frais de la restitution seront, sauf stipulation particulière, à la charge de l'emprunteur (1248).

L'emprunteur est seulement tenu de rendre la chose dans l'état dans lequel elle se trouve ; cette restitution le libère entièrement, pourvu que les détériorations qui pourraient y être survenues ne viennent que du seul usage pour lequel la chose a été empruntée, et sans aucune faute de sa part, ni de celle des personnes dont il est responsable et, qu'avant ces détériorations, il ne fût pas en demeure (1245 et 1884 comb.). Voici certains cas dans lesquels l'emprunteur est dispensé de rendre la chose qui lui a été prêtée:

1° La principale raison que l'emprunteur puisse faire valoir pour se dispenser de rendre cette chose est, qu'elle a péri ou a disparu par cas fortuit et sans sa faute, et avant qu'il fût en demeure; mais il est obligé de prouver le cas fortuit qu'il allègue (art. 1302 al. 1 et 3), et qu'il a apporté à la conservation de la chose prêtée tous les soins qu'on avait droit d'exiger de lui.

2° Une seconde raison est celle qui résulte du droit que nous accordons à l'emprunteur, de retenir la chose prêtée jusqu'à parfait paiement des dépenses dont parle l'art. 1890.

Les auteurs sont divisés sur cette question; le Code ne refuse ni n'accorde expressément ce droit à l'emprunteur; il se borne à dire que si, pendant la durée du prêt, l'emprunteur a été obligé, pour la conservation de la chose, à quelque dépense extraordinaire, nécéssaire et tellement urgente qu'il n'ait pu en prévenir le prêteur, celui-ci sera tenu de la lui rembourser (1890).

M. Duranton soutient la négative. « Le Code, dit-il[1], autorise
« bien le dépositaire à retenir la chose déposée jusqu'à ce qu'il ait
« été remboursé des dépenses qu'il a faites pour la conservation
« de la chose (1948), mais il ne contient aucune disposition sem-
« blable à l'égard d'un emprunteur à usage; et comme celui-ci
« reçoit un service, tandis que le dépositaire en rend un, l'ana-
« logie n'existe pas, et dès-lors il n'y a pas de raisons suffisantes
« d'appliquer au cas de commodat ce qui est décidé à cet égard
« en matière de dépôt. »

[1] Voy. son n° 538.

(28)

Nous savons que nous ne pouvons par analogie appliquer au
commodat ce qui est dit à l'égard du dépôt. Aussi n'est-ce point
sur cette analogie que nous nous fondons pour adopter l'affirmative. D'ailleurs, laissons parler M. Delvincourt (tome II, page 715,
n° 9): « Lorsqu'il s'agit d'une dette quelconque, il peut paraître
« injuste, dit-il, que l'emprunteur abuse d'un service qui lui a
« été rendu gratuitement pour se constituer un gage contre la
« volonté du prêteur; mais lorsqu'il s'agit de dépenses faites pour
« la conservation de la chose, et que le prêteur eût été également
« tenu de payer, il y a eu en quelque sorte gage légal (art. 2102
« n° 3), et puisque cet article établit un privilége pour les frais
« faits pour la conservation de la chose, sur la chose même con-
« servée, comment pourrait-on exiger que celui qui a payé ces
« frais et qui se trouve saisi de la chose, s'en dessaisît avant d'a-
« voir été remboursé, surtout d'après l'art. 2076 qui déclare
« anéanti le privilége résultant du gage, par cela seul que l'objet
« est retourné en la possession du débiteur? »

De plus, en ne statuant point sur cette question, le Code s'en
est sans doute référé au droit commun. Or, la décision de M. Duranton consacrerait une véritable exception à ce droit commun;
mais nous savons que les exceptions sont de droit strict, qu'il faut
les trouver expressément écrites dans la loi, et nous ne voyons
nulle part que l'emprunteur soit obligé de délivrer la chose avant
le remboursement des dépenses qu'il a faites pour sa conservation.

La question qui nous occupe était déjà ainsi décidée par les lois
romaines. Voy. Loi 15 ff. *De furtis.*

Pothier, dans son n° 43, et Merlin, dans son *Répert. de jurisp.*
tome XIII. §. 7, professent aussi la même opinion.

Mais si l'emprunteur avait quelque autre créance contre le
prêteur, elle ne l'autoriserait point à se dispenser de rendre la
chose prêtée. L'art. 1885 dit formellement que l'emprunteur ne
peut pas retenir la chose par compensation de ce que le prêteur

lui doit. La raison est qu'on ne peut opposer de compensation contre l'obligation de rendre un corps certain, tel qu'est la chose prêtée; *prætextu debiti restitutio commodati non probabiliter recusatur.* L. 4, Cod. *de Commod.*

Cependant, nous pensons que, par exception à la règle tracée par l'art. 1885, l'emprunteur pourrait opposer la compensation dans le cas où la chose a péri par sa faute ou sans sa faute, lorsqu'il est chargé des cas fortuits. Car, alors son obligation change de nature; il n'est plus débiteur d'un corps certain et déterminé, mais bien d'une créance; ainsi rien ne s'oppose à ce qu'il puisse alors jouir du bénéfice de la compensation, pour la somme qu'il est obligé de payer, à titre de dommages et intérêts, et, en cela, nous ne lésons en rien les intérêts du prêteur, qui serait obligé de satisfaire tout de suite à sa propre obligation que, dans notre hypothèse, nous supposons nécessairement liquide et exigible.

L'emprunteur ne peut non plus se dispenser de rendre la chose, sous prétexte que le prêteur n'en est pas propriétaire, et celui-ci, l'eût-il même volée, est en droit de la réclamer; car le contrat est intervenu entre lui et l'emprunteur, et une des obligations principales qu'il impose à ce dernier, est de rendre la chose qui lui a été prêtée. *Ita ut, etsi fur, vel prœdo commodaverit, habeat commodati actionem.* L. 16 ff. *Com. vel contra.*

Mais si cette chose vient à être frappée d'une saisie-arrêt ou opposition entre les mains de l'emprunteur par un tiers qui s'en prétend propriétaire, ou qui se prétend créancier du prêteur, l'emprunteur pourra et devra même ne la rendre que sur la présentation d'une main-levée de l'opposition, sans quoi il s'exposerait aux poursuites des tiers saisissans.

L'emprunteur, qui est encore détenteur de la chose, ne peut, pour se dispenser de la rendre, opposer de prescription, même la prescription trentenaire; car, comme nous le dirons plus tard, possédant à titre précaire, il ne peut jamais prescrire (2236. Voy. cependant art. 2238).

Mais si la chose prêtée n'existait plus entre les mains de l'emprunteur ou de son héritier, l'action du prêteur serait sujette à la prescription trentenaire, comme toutes les actions que des lois particulières n'ont pas réduites à un moindre temps.

Si pour user de la chose, l'emprunteur a fait quelques dépenses, il ne peut pas les répéter (1886). Le Code entend parler ici des dépenses qu'entraîne ordinairement l'usage de la chose. Ainsi, je vous prête mon cheval, vous ne pourrez me réclamer les dépenses faites pour son entretien, telles que sa nourriture, sa ferrure, etc.

Lorsque plusieurs ont conjointement emprunté la même chose, ils sont soumis tous envers le prêteur à l'obligation solidaire d'en répondre et de la rendre.

SECTION II.

Des obligations du prêteur.

Le prêteur ne contracte point l'obligation de faire jouir l'emprunteur de la chose prêtée, comme un bailleur à l'égard de son locataire: aussi, lorsqu'il est de bonne foi, n'est-il point tenu du trouble ou des causes d'éviction de la part des tiers. C'est ici le cas d'appliquer la maxime, que le bienfait ne doit pas être préjudiciable à son auteur; raison pour laquelle, en principe, dans les contrats de pure bienfaisance, la garantie n'est pas due pour cause de trouble ou d'éviction de la part des tiers.

Mais si le prêteur était de mauvaise foi, si, sachant qu'il n'est point propriétaire de la chose prêtée, et que celui à qui elle appartient pourra bien la réclamer avant l'expiration du temps pour lequel il l'a prêtée, il pourrait, s'il n'en a pas averti l'emprunteur, être, suivant les circonstances, condamné envers lui à des dommages-intérêts.

Quoique le prêteur de bonne foi ne réponde point du fait des tiers, comme il a donné la chose pour que l'emprunteur s'en

servît à l'usage et pendant le temps pour lesquels elle lui a été
prêtée, il contracte, par ce consentement et par la bonne foi qui
doit présider à l'exécution des contrats, l'obligation négative de
n'apporter de sa part, ni de celle de ses héritiers (arg. art. 1879),
aucun trouble ni empêchement à cette jouissance, tant qu'elle est
dûment exercée.

De là l'obligation du prêteur dont parle l'art. 1888, de ne pouvoir retirer la chose prêtée qu'après le temps convenu, ou à
défaut de convention, qu'après qu'elle a servi à l'usage pour lequel
elle a été empruntée. Cette disposition est toute d'équité.

En effet, bien que le prêteur (puisque le prêt est un acte de pure
volonté et plutôt un service qu'un acte de nécessité) ait le droit de
fixer la manière dont l'emprunteur pourra jouir de la chose, et les
bornes de son usage, cependant il devait, par la consommation de
ce prêt, se trouver lié et ne plus pouvoir prescrire de nouveaux
modes, ni de nouvelles bornes, soit pour diminuer l'usage de cette
chose, soit pour en priver, à contre-temps, celui à qui il l'a prêtée.
Non-seulement le service qu'il a voulu rendre, mais la bonne foi
qui doit présider à l'exécution de tout contrat, imposaient à ce
prêteur l'obligation de respecter et d'exécuter celui qui s'est formé
entre lui et l'emprunteur. Toute disposition contraire aurait souvent enlevé au prêt à usage un de ses plus beaux caractères, c'est-
à-dire l'existence du sentiment généreux et désintéressé qui avait
d'abord animé le prêteur, et sans l'obligation imposée à ce dernier, la position de l'emprunteur se serait souvent trouvée plus
pénible et plus critique, que si la chose lui eût été refusée.

Ce principe souffre cependant exception : ainsi, le Code autorise
le prêteur à redemander la chose prêtée avant le temps convenu
ou avant que le besoin de l'emprunteur ait cessé, s'il lui est sur-
venu à lui-même un besoin pressant et imprévu de cette chose
(1889).

Mais, pour jouir du bénéfice de cette exception, il faut nécessairement qu'il soit reconnu par le juge que le besoin du prêteur n'a pu raisonnablement être prévu, et que ce besoin est/tel qu'il exige à l'instant la remise de la chose; et il ne jouirait pas de ce bénéfice, si ce besoin pouvait être différé, ou s'il avait pu le prévoir; car il est censé, dans ce dernier cas, à cause du caractère de générosité attaché au prêt à usage, avoir tacitement consenti à se priver de sa chose pendant le temps pour lequel il a consenti à la prêter. Cependant, si, dans le cas de l'exception ci-dessus, l'emprunteur prétextait qu'il ne peut rendre tout de suite la chose, sans qu'il en résultât pour lui un grand dommage, le prêteur devrait recourir au juge, qui déciderait alors, d'après les circonstances, lequel des deux besoins devrait le céder à l'autre (1889).

Dans le cas où une telle collision d'intérêts se présenterait entre le prêteur et l'emprunteur, si ce dernier offrait au prêteur des objets qui pussent satisfaire à son besoin pressant et imprévu, bien qu'ils fussent inférieurs en valeur à la chose prêtée, je pense que le juge ferait bien de laisser à l'emprunteur cette chose et de contraindre le prêteur à se contenter de ce qui lui est offert, jusqu'à ce que l'emprunteur pût, sans inconvénient, rendre la chose qui lui a été livrée. Si, en prêtant une chose, on a eu en vue l'usage déterminé de la chose, plutôt que le temps pour lequel elle a été accordée, je pense que, dans ce cas, le prêteur serait justement admis à en demander la restitution, avant l'expiration de ce temps, si l'usage, pour lequel elle a été prêtée, se trouve entièrement terminé. Car il est vrai de dire alors que l'emprunteur n'a plus aucun intérêt à la retenir chez lui.

Si le prêt a été fait seulement en considération de la personne de l'emprunteur et à lui personnellement, et qu'il vienne à mourir, la chose prêtée pourra aussi être réclamée avant l'expiration du terme convenu, ou avant qu'elle ait servi à l'usage pour lequel elle a été prêtée (1879, 2 al.).

Une seconde obligation que contracte le prêteur est celle de

rembourser à l'emprunteur les dépenses dont parle l'art. 1890 déjà
cité. Par exemple, je vous prête mon cheval; nous avons dit plus
haut que vous ne pouviez me réclamer sa nourriture, ou autres
dépenses ordinaires; mais il tombe malade sans votre faute, les
dépenses d'artistes vétérinaires, de drogues devront vous être rem-
boursées (Arg. art. 1375). La perte du cheval même ne m'affran-
chirait pas de l'obligation de vous les rembourser; il suffit qu'elles
aient été faites dans un but utile, pour que j'en devienne irrévo-
cablement votre débiteur (Arg. art. 1999).

Enfin le prêteur contracte encore l'obligation d'indemniser l'emprunteur du préjudice que lui ont occasioné les vices de la chose
prêtée, lorsque les connaissant, il n'en a pas averti l'emprunteur
(1891), mais l'action qui compète dans ce cas à l'emprunteur, naît
plutôt du dol commis par le prêteur (Arg., art. 1382 et 1383) que
de la nature même du contrat. *Qui sciens vasa vitiosa commodo-
vit, si ibi infusum vinum vel oleum corruptum effusumve est,
condemnandus eo nomine est.* Loi 18, §. 3, ff. *Com. vel contra.*

Mais si le prêteur était de bonne foi et qu'il ignorât totalement
les vices de la chose, il ne serait point responsable du préjudice
qui en résulterait pour l'emprunteur; car il serait injuste qu'un
contrat de pure bienfaisance tournât au préjudice de son auteur.

Enfin, lorsque l'emprunteur a payé le prix de la chose qui se
trouvait perdue, et que le prêteur vient à la recouvrer par la suite,
il est obligé de rendre à l'emprunteur ou la chose ou ce qu'il a
reçu pour prix. *Rem commodatam perdidi et pro ea pretium dedi,
deinde res in potestate tua venit, Labeo, ait, contrario judicio aut
rem mihi præstare te debere, aut quod a me accepisti, reddere.*
L. 17, §. 5, ff. *h. tit.*

CHAPITRE III.

De la preuve du commodat.

Ce contrat est, sous le rapport de sa preuve, soumis aux règles du Droit commun : ainsi , toutes les fois que la chose prêtée excédera la somme ou valeur de cent cinquante francs, il devra en être passé acte devant notaire ou sous signature privée ; le prêteur ne pourrait invoquer la preuve testimoniale pour prouver, soit l'existence du prêt, soit la valeur de la chose prêtée, à moins qu'il n'existât un commencement de preuve par écrit, ou à moins que le prêt n'eût été fait dans une circonstance telle qu'il n'a pas été possible de le constater par écrit (1341, 1347 et 1348 combinés).

Cependant le serment peut être déféré à l'emprunteur, et on peut le faire interroger sur faits et articles.

Nous avons dit que le prêt peut être constaté par acte sous seing-privé.

Ici se présente la question de savoir s'il est nécessaire de le faire en double original. Si nous prenions à la lettre l'art. 1325, qui porte que « les actes sous seing-privé qui contiennent des conven- « tions synallagmatiques ne sont valables qu'autant qu'ils ont été « faits en autant d'originaux qu'il y a de parties ayant un intérêt « distinct, » nous devrions répondre que l'accomplissement de cette formalité est nécessaire pour la validité de l'acte qui constaterait le prêt ; mais tous les auteurs s'accordent à dire que la rédaction de cet article pèche par trop de généralité (voy. Toullier, Duranton, Delvincourt). Ce dernier auteur propose, pour réparer le vice de l'art. 1325, le mot *parfaites*, et de dire, par conséquent, que les actes sous seing-privé qui contiennent des conventions synallagmatiques *parfaites* ne sont valables, etc.

En effet, cette obligation de faire autant d'originaux qu'il y a de parties ayant un intérêt distinct, n'est fondée que sur la raison , que dans un contrat synallagmatique il ne doit pas être au pouvoir de l'une des parties de contraindre l'autre à exécuter le contrat, tandis que cette dernière ne pourrait en réclamer l'accomplissement; ce qui arriverait cependant si elle n'avait pas entre ses mains un acte qui prouvât l'existence de ce contrat. Du reste, l'acte seul serait nul, mais non la convention qui se forme par le seul consentement et qui existe indépendamment de l'acte, lequel n'est qu'un genre de preuve. Les parties pourraient la prouver par d'autres moyens.

Cette raison n'existe plus dans les contrats synallagmatiques imparfaits, dans lesquels une partie seulement se trouve obligée par le contrat. Il est nécessaire seulement que celui que le contrat rend créancier soit muni du titre qui le constate, pour poursuivre l'exécution de l'obligation contractée en sa faveur.

Il résulte de ce que nous venons de dire que les dispositions de l'art. 1525 ne sont point applicables, à notre contrat; car, quoique le prêteur puisse avoir des obligations à remplir à l'égard de l'emprunteur, par exemple celle de lui rembourser les dépenses dont parle l'art. 1890, ce contrat n'est pas pour cela un contrat synallagmatique parfait.

CHAPITRE IV.

Des actions qui naissent du contrat de prêt à usage.

Point d'engagement parfait sans action, c'est-à-dire sans le droit d'en poursuivre l'exécution.

Le commodat, par sa seule formation, donne immédiatement naissance à l'action appelée en droit, *actio commodati directa;* il donne aussi lieu, mais seulement médiatement, et selon les circonstances, à une seconde action dite *actio commodati contraria.*

5.

Section première.

De l'action commodati directa.

Cette action compète au prêteur contre l'emprunteur.

Si plusieurs ont emprunté conjointement la même chose, ils pourront tous à la fois être poursuivis par cette action, ou un seul d'entre eux seulement, sans que celui-ci puisse opposer le bénéfice de division (1887 et 1203).

Cette action a pour objet :

1° La restitution de la chose prêtée ;

2° Les dommages-intérêts qui peuvent être dus par l'emprunteur pour cause de perte ou de détérioration de la chose prêtée, ou pour cause de retard dans la restitution ;

3° Les fruits que la chose aurait pu produire ;

4° Les choses accessoires qui l'auraient accompagnée dans la tradition ; par exemple, dans le cas où je vous prête une jument encore suivie de son poulin.

Cette action dure trente ans (2262) ; ainsi, après ce délai, le prêteur ne peut plus l'invoquer pour réclamer ce qui pourrait lui être dû.

Cependant, si la chose existait encore entre les mains de l'emprunteur, tout remède de droit ne serait pas enlevé au prêteur : il aurait encore, pour se la faire rendre, l'action en revendication ; car, possédant à titre précaire, l'emprunteur ne peut jamais prescrire (2236), à moins cependant que la cause de sa possession n'ait été, par la suite, intervertie, soit par une cause venant d'un tiers, soit pour la contradiction qu'il aurait opposée aux droits du prêteur (2238), et ce nonobstant l'art. 2262 qui porte : « Que les actions « tant réelles que personnelles se prescrivent par trente ans, sans « qu'on puisse opposer l'exception déduite de la mauvaise foi » ; car, l'action en revendication n'est éteinte que par l'acquisition de la propriété au profit d'une autre personne ; c'est dans cette supposition que statue nécessairement cet article; autrement il y aurait impossibilité de concilier ses dispositions avec celle de l'art. 2236 précité.

L'action *commodati directa,* qui naît du commodat, ne peut être intentée que contre celui ou ceux qui se sont obligés par ce contrat. Ainsi, dans le cas où un tiers deviendrait à titre gratuit ou onéreux possesseur de la chose prêtée, le prêteur ne pourrait la réclamer entre ses mains au moyen de cette action; car le contrat dont elle découle lui est tout-à-fait étranger. Si la chose prêtée est mobilière, il n'aura contre lui aucune action, car, en fait de meubles, la possession vaut titre (2279). Si elle est immobilière, il aura contre lui l'action en revendication pour se la faire rendre tant qu'il ne l'aura point acquise par la prescription acquisitive.

Tout ce que nous venons de dire sur cette action, s'applique également à l'héritier du prêteur et à celui de l'emprunteur respectivement (1879).

Qu'arrive-t-il si le prêteur ou l'emprunteur meurent, laissant plusieurs héritiers? ne pourront-ils demander la dette, ou ne seront-ils tenus de la payer que pour la part dont il sont saisis ou dont ils sont tenus comme représentant le créancier ou le débiteur?

Si c'est l'emprunteur qui meurt, quoique son obligation soit une obligation divisible, puisqu'elle a pour objet une chose qui est susceptible de division, soit matérielle, soit intellectuelle, cependant si cette chose existe, encore comme elle est un corps certain et déterminé, l'héritier, qui en sera devenu possesseur par suite du partage de la succession, pourra être poursuivi et être tenu seul d'en faire la restitution (art. 1221, al. 3 et 7), sauf son recours contre ses cohéritiers (884).

Si la chose prêtée n'existait plus dans la succession, et qu'il soit par conséquent dû une certaine somme à titre de dommages-intérêts, il semble au premier abord que chacun des héritiers ne devra en être tenu que pour sa part et portion héréditaire. Cependant,

malgré le respect dû au principe de la division des obligations,
nous adoptons l'opinion contraire, et nous pensons que, dans ce cas,
chacun des héritiers de l'emprunteur pourra être poursuivi pour
la totalité de cette somme. Nous fondons notre opinion sur le n° 5
du même art. 1221 qui porte : « Que, lorsqu'il résulte, soit de la
« nature de l'engagement, soit de la chose qui en fait l'objet, soit
« de la fin qu'on s'est proposée dans le contrat, que l'intention des
« contractans a été que la dette ne pût s'acquitter partiellement, »
et sur le dernier alinéa qui ajoute : « Que dans ce cinquième cas,
« chaque héritier peut être poursuivi pour le tout, sauf son re-
« cours contre ses co-héritiers. »

Peut-on, en effet, raisonnablement supposer une autre intention
aux parties contractantes?

S'il peut y avoir quelque doute, ce ne peut assurément être du
côté du prêteur. Sera-ce donc du côté de l'emprunteur? Je ne le
pense pas davantage; car il répugne de croire que celui qui reçoit
un bienfait, veuille le mal de son bienfaiteur. C'est cependant ce
qui arriverait, si nous supposions que son intention ait été que
cette dette pût être acquittée partiellement par chacun de ses
héritiers. En effet, si, empêché par une cause quelconque, le
prêteur ne s'est pas présenté au domicile du défunt avant le partage de la succession, pour réclamer ce qui lui est dû, cette opération terminée, il sera obligé, s'ils ne le paient pas, pour obtenir
le paiement de la valeur de la chose dont il s'est gratuitement
dessaisi, de courir au domicile de chacun d'eux, de les faire
assigner au tribunal de ce domicile pour obtenir ce qu'ils lui
doivent eu égard à leur part et portion héréditaire; et même s'il
arrivait que l'un d'eux fût insolvable, par suite d'un des effets
résultant de la division des obligations, il serait obligé de supporter lui-même les conséquences de son insolvabilité, sans pouvoir
rien réclamer aux autres héritiers. Ce serait une des plus criantes
injustices que d'exposer à de telles conséquences l'homme généreux

qui nous oblige. Enfin, si la chose a péri par le fait de l'un des héritiers, celui-là seul en est tenu.

Si c'est le prêteur qui laisse plusieurs héritiers, la créance se divise entre eux (1217 et 1220); mais si la chose existe en nature, ils doivent s'arranger pour la réclamer tous ensemble.

Section II.

De l'action commodati contraria.

Cette action compète à l'emprunteur et à ses héritiers contre le prêteur et ses héritiers.

Elle a pour objet:

1° La cessation du trouble causé par le prêteur et la réparation du dommage que lui cause ce trouble;

2° Le remboursement que le prêteur est obligé de faire à l'emprunteur des dépenses dont parle l'art. 1890;

3° La réparation du dommage que les vices de la chose prêtée causent à l'emprunteur, si, informé de ces vices, le prêteur ne l'en a pas averti;

4° Enfin, si l'emprunteur a payé le prix de la chose prêtée qu'il avait perdue par sa faute, et que le prêteur l'ait recouvrée depuis, l'emprunteur pourra, par cette action, se faire restituer soit la chose, soit le prix qu'il a payé (voy. Loi 17. §. 5. déjà citée. ff. *h. titulo.*

Cette action dure trente ans.

JUS ROMANUM.

COMMODATI VEL CONTRA.

Commodatum est contractus quo quis, corpus certum alicui gratuito præbet ad quemdam usum et determinatum tempus, sub conditione rei in specie commodanti, lapso tempore statuto et usu finito, reddendæ.

Hic contractus a precario differt in eo quod precarium, usu et tempore ad quæ res commodata sit, non determinatis, fit: ita qui rem precarii titulo præbuit, illam quando vult repetere potest, dum commodans ante statutum tempus repetere nequit.

A mutuo præsertim differt, in eo quod, mutuum constat rebus quæ usu pereunt, ut vino, tritico, oleo, dum commodatum rebus quæ usu non consumuntur, ut equo, vasibus et aliis similibus perficitur.

Haud per mortem commodantis aut commodatarii sed tantum per lapsum temporis a commodante concessi finem accipit commodatum.

Lapso tempore, commodatarius rem restituere debet, nec illam aut ut ad commodantem non pertinentem, aut ut suam compensationis titulo effectam retinere valet; rem enim alienam quis commodare potest et compensationi nunquam locus est in commodato.

Commodatum est contractus synallagmaticus, id est ex utrâque parte obligationem generans; et actio quæ ex hoc contractu nascitur, est *directa* vel *contraria.*

In actione directa actor petit ut reus ad restitutionem equi vel cujuslibet rei haud fongibilis quam illi commodavit, nec non ad impensa et ad omnia quorum sua interest, damnetur.

In actione contraria a commodato ex post facto oriente, actor postulat ut reus ad omnia impensa ad conservationem rei necessaria, restituenda judicio cogatur, impensa autem sine quibus re uti nequeant, ut cibaria equi, repeti non possunt.

DROIT COMMERCIAL.

DU RECHANGE.

Nous divisons cette matière en trois parties. Dans la première, nous parlons du rechange et de la retraite; dans la seconde, des intérêts que le porteur a droit d'exiger, et dans la troisième du compte de retour.

1° *Du rechange et de la retraite.*

Le tireur, les endosseurs et les donneurs d'aval sont tous garans solidaires envers le porteur du paiement de la lettre de change (140 et 142, al. 2 du C. comm.) : aussi la loi donne-t-elle à ce dernier une action en garantie contre eux, lorsque le tiré refuse de lui en payer le montant.

Mais comme chacun de ces garans n'a promis de payer qu'à défaut du tiré, la loi oblige le porteur à constater le refus qu'il a éprouvé par un acte solennel appelé *protêt faute de paiement*, qu'il doit nécessairement faire le lendemain du jour où la lettre est échue (162, C. comm.), à peine de déchéance de tous droits contre chacun d'eux (168, C. comm.), à l'exception cependant du tireur, dans le cas où ce dernier ne justifierait pas que la provision était faite au jour de l'échéance de la lettre (170, C. comm.).

Le protêt valablement fait, le porteur a le droit de former une demande en justice, de faire assigner tous ses garans solidairement, ou un d'entre eux seulement, à son choix, et d'obtenir ainsi le remboursement de tout ce qui peut lui être dû.

Mais ce sont là des formalités à remplir, des délais à parcourir, qui, quelque brefs qu'ils soient, peuvent parfois causer un grand

tort au porteur, qui peuvent même entraîner sa ruine ; car, peut-
être, comptait-il sur le paiement de cette lettre, qui contient toute
sa fortune, pour faire lui-même honneur à des lettres tirées sur
lui et garanties par son acceptation, ou à d'autres engagemens
qu'il a contractés. Le refus qu'il éprouve paralyse toute bonne
volonté de sa part; inconnu dans la ville où il est, personne ne
vient à son secours. Ne pouvant alors exécuter ses engagemens, on
protestera, on obtiendra jugement contre lui; il sera peut-être
déclaré en état de faillite. C'est là une de ces circonstances criti-
ques que la loi devait prévoir; d'ailleurs sa sollicitude pour le crédit de la lettre de change lui en faisait un devoir. Le législateur
l'a senti : aussi n'a-t-il point abandonné le porteur à la merci du
caprice, peut-être de la mauvaise foi du tiré, et, au moyen d'une
nouvelle lettre, qu'il lui permet de tirer sur l'un de ses garans,
lui donne la facilité, par la négociation qu'il est en droit d'en
faire, de rentrer dans ses fonds, sans attendre l'effet des poursuites
et l'événement d'une condamnation.

C'est cette nouvelle opération, ce nouveau contrat de change
qui se forme lorsque le porteur originaire use du droit que la
loi lui accorde de négocier sa nouvelle lettre à un preneur qui
lui en paie le montant, qui constitue le contrat de rechange. Ce
contrat est un véritable contrat de change entre le porteur originaire et son preneur.

On entend aussi par rechange l'indemnité que le tireur d'une
retraite paie pour la négocier. Ce rechange peut, comme le
change, offrir, d'après les circonstances, de grandes variations;
comme lui, il peut être au pair, ou en baisse ou en hausse.

Cette nouvelle lettre, au moyen de laquelle s'effectue ce contrat
de rechange, s'appelle *retraite* (177, C. comm.). C'est son titre d'exécution, et elle est au rechange ce que la lettre de change appelée *traite* à l'égard du tireur et du tiré, est au contrat de
change.

La retraite est ainsi définie : « Une nouvelle lettre de change
« au moyen de laquelle le porteur se rembourse, sur le tireur ou
« sur l'un des endosseurs, du principal de la lettre protestée, de ses
« frais et du nouveau change qu'il paie (178 , C. comm.).

Par cette retraite, le porteur originaire contracte envers le
nouveau preneur, les endosseurs et le porteur, toutes les obligations d'un premier tireur, et, s'il arrivait qu'elle ne fût point payée,
ceux-ci auraient, à leur tour, le droit de faire une retraite contre
lui et ainsi de suite.

La retraite peut avoir lieu pour défaut de paiement, quelques
auteurs ajoutent, pour défaut d'acceptation.

Cette dernière proposition pèche par trop de généralité. En
effet, le but de l'acceptation n'est point de procurer, à l'instant,
au porteur le paiement de sa lettre, mais seulement de lui procurer une garantie de plus pour assurer ce paiement au jour de
l'échéance; car ce n'est qu'à cette époque qu'il a droit d'en exiger
le montant. L'opinion de ces auteurs consacrerait une véritable
injustice; ce serait forcer les garans du porteur à lui donner une
somme qui ne lui est point encore due. Aussi, je ne vois nulle
part que la loi lui donne le droit de les y contraindre. Elle permet
seulement à ce porteur d'exiger cette garantie que le tiré lui refuse, en les obligeant à lui donner une caution solvable (120 Code
com.); mais dès qu'il l'a obtenue, tous ses droits s'arrêtent, il a ce
ce qu'on lui a promis, il ne pourrait être recevable à pousser ses
prétentions plus loin.

Il en serait différemment, et le porteur pourrait alors, mais seulement alors, employer la voie de la retraite, s'il arrivait que ses
garans refusassent de lui donner cette caution, et en cela, ces
derniers n'auraient point à se plaindre, puisque cette faculté qui
serait accordée au porteur, ne proviendrait que de l'inexécution
des engagemens qu'ils ont contractés (Arg. de l'art. 1184 Cod. civ).

Dans la retraite, il y a deux choses à considérer. D'abord, les personnes sur lesquelles le porteur originaire peut tirer, puis les objets qu'il a droit de se faire rembourser.

Le porteur peut faire sa retraite directement sur le tireur de la lettre protestée ou sur l'un des endosseurs (arg. de l'art. 178 du Code de comm.). Ces garans ont déjà la majeure partie de la provision entre leurs mains, puisque, par le fait du refus de paiement de la première lettre qu'ils avaient garantie, ils se trouvent débiteurs envers le porteur du montant de cette lettre.

Quoique la loi, dans l'article 178 précité, ne parle pas des donneurs d'aval, cependant nous pensons que le porteur peut aussi faire sa retraite sur l'un d'eux, car l'article 142 du Code de commerce dit en termes exprès: « Que le donneur d'aval est tenu solidairement et par les mêmes voies que les tireurs et endosseurs, sauf cependant les conventions différentes des parties. »

Quoique le porteur ait une action solidaire contre tous les souscripteurs de la lettre protestée, cependant comme il ne peut se faire rembourser qu'une seule fois de ce qui lui est dû, il ne peut faire de retraite que sur l'un d'eux. Si celui qui est ainsi forcé d'acquitter une retraite tirée sur lui, est un endosseur, il a droit d'en tirer une à son tour, sur son endosseur immédiat, ou sur l'un des endosseurs qui le précèdent, et ainsi de suite jusqu'au tireur. Si c'est un donneur d'aval, il a les mêmes droits contre les signataires tenus, selon l'ordre des négociations, de garantir celui pour qui il a donné cet aval; il a de plus, contre ce dernier, les droits résultant des règles générales du cautionnement (art. 2028, 2029 et 2030 du Code civ. combinés).

Si la retraite est faite directement sur le tireur, il n'a aucun droit de recours contre les endosseurs, puisque tous sont successivement devenus acquéreurs et endosseurs d'une lettre dont il a le premier garanti le paiement, et à plus forte raison, s'il est possible, n'en a-t-il point contre les donneurs d'aval.

Les objets que le porteur a droit de se faire rembourser, comprennent: le principal de la lettre de change protestée, les frais de protêt, de courtage, de timbre, de ports de lettre, de commission de banque et autres frais légitimes, tels que ceux de voyage, etc.; enfin, le droit de rechange que le porteur est obligé de payer pour négocier sa retraite, si le papier est en baisse.

Comme le cours du change peut varier, selon que la lettre est tirée sur tel ou tel lieu, pour laisser le moins possible à l'arbitraire, le législateur a, dans l'art. 179 du Code de com., posé des bases, en indiquant le cours d'après lequel le rechange doit être déterminé.

Il a prévu le cas où la retraite est faite sur le tireur lui-même ou sur un endosseur (179 du Code de com.). Dans le premier cas, le rechange se règle par le cours du change du lieu où la lettre était payable, sur le lieu d'où elle a été tirée.

L'endosseur étant un véritable tireur à l'égard de celui à qui il a endossé la lettre, quand on fait une retraite contre lui, ce n'est plus le lieu d'où la lettre a été tirée originairement qui peut être considéré comme celui d'où il l'a tirée, mais bien le lieu où il en a fait la négociation par l'endossement. Ainsi, dans le second cas, c'est-à-dire celui où la retraite est tirée sur un endosseur, le rechange doit se régler par le cours du change du lieu où la lettre était payable, sur celui où la lettre a été négociée par l'endossement et non point comme le porte la rédaction de l'article 179 du Code de com., « par le cours du lieu où la lettre de change a été remise ou négociée par l'endosseur, sur celui où le remboursement s'effectue. »

Nous voyons que dans cet article la loi ne s'occupe que du cas où le porteur est obligé de payer un rechange; c'est en effet ce qui se présente le plus souvent; mais cependant, s'il arrivait que le papier, sur le lieu où la retraite est faite, fût en hausse, non-seulement le porteur n'aurait point droit à un rechange, mais il ne devrait, dans ce cas, porter dans la retraite que le montant de la somme qu'il est en droit de réclamer, diminuée d'une valeur égale à celle dont il a profité en négociant cette retraite.

Mais, si le rechange était tel qu'il excédât les intérêts légaux, il ne devrait pas moins être supporté en entier par le débiteur, conformément à l'art. 1147 du Code civil; ce serait, en effet, une véritable perte pour le porteur que de l'obliger à payer le droit de rechange, en ce qu'il excéderait les intérêts légaux; ce serait même une véritable spoliation, car la cause qui y donne lieu lui est tout-à-fait étrangère; elle est pour lui : *res inter alios acta.*

Quand la retraite est faite directement sur le tireur originaire, il n'y a lieu qu'à un seul rechange (179), qui est supporté en entier par ce tireur, sans qu'il puisse exercer de recours, soit contre les endosseurs, soit contre les donneurs d'aval, puisqu'il est garant de tous.

Mais, si le porteur use du droit que la loi lui accorde, de tirer sur un endosseur, comme chaque endosseur a le droit de faire à son tour une retraite sur l'un ou sur l'autre des garans qui le précèdent, et ainsi de suite et en définitive jusqu'au tireur, il y aura nécessairement lieu à autant de droits de rechange qu'il y aura de retraites, du moins dans la supposition que dans tous les lieux d'où ces retraites sont tirées, le papier est en baisse; par exemple:

Pierre tire à Strasbourg une lettre de change sur Paris, au profit de Jacques; celui-ci la négocie à Nancy, au profit de Paul, qui la négocie à Rheims, au profit de Jean; à Paris, le paiement de la lettre de change est refusé. Le porteur Jean, en se remboursant par une retraite sur Paul, de Rheims, paiera un droit de rechange, celui-ci en paiera un à son tour pour se rembourser à Rheims, par une retraite sur Jacques, de Nancy, qui, en dernier lieu, en paiera un, pour se rembourser par une retraite, sur le tireur Pierre, de Strasbourg.

Maintenant se présente la question de savoir par qui ces rechanges doivent être supportés.

En suivant les principes de l'équité naturelle, nous n'hésiterions pas de répondre que la somme de tous les rechanges que chaque

endosseur est obligé de payer, doit être supportée en définitive par
le tireur de la lettre protestée (1382 Code civ.). Cependant le
législateur en a décidé autrement; il n'a pas voulu que les rechanges se cumulassent contre le tireur (art. 183 C. com.); il a ordonné
que chaque endosseur eût à sa charge le rechange qu'il est obligé
de payer pour négocier sa retraite sur l'un ou sur l'autre de ses
garans. Ainsi dans l'exemple ci-dessus, Paul, de Rheims, supportera de ses deniers le rechange qu'il paie pour négocier sa retraite
sur Jacques, de Nancy, et celui-ci supportera à son tour le rechange qu'il paie pour négocier sa retraite sur le tireur, Pierre, de
Strasbourg. Entraîné sans doute par les dispositions de l'ordonnance de 1673 (titre VI, art. 5) par l'usage admis dans le commerce
et par ce principe: *Summum jus, summa injuria,* le législateur a
consacré ici une injustice évidente, puisque, par cette décision, il
rend les endosseurs responsables des suites du fait d'autrui; car il
est probable que, si le tireur eût pris toutes ses précautions, la lettre
n'aurait pas été protestée.

Pour justifier cette décision, quelques auteurs ont dit que le
rechange que l'on fait supporter à chaque endosseur est regardé
comme la compensation de l'utilité qu'il a retirée de la négociation
de la lettre de change. Mais est-ce donc un fait si reprochable pour
ces endosseurs d'avoir tiré un profit légitime d'une chose qui
leur appartenait, pour qu'il autorise à reporter ainsi sur eux les
suites de la faute d'autrui? D'ailleurs, il faudrait au moins, avant
d'opérer cette compensation, prouver qu'ils en ont tiré quelque
profit. Qui nous assure qu'il n'ont pas été obligés de la négocier à
perte?

2° Des intérêts.

Indépendamment des sommes énumérées ci-dessus, que le porteur originaire est autorisé à se faire rembourser, la loi, pour le
couvrir autant que possible du dommage que lui cause le refus

du paiement, lui donne, en outre, le droit d'exiger des intérêts.

En règle générale, les dommages-intérêts dus au créancier sont de la perte qu'il a faite et du gain dont il a été privé (art. 1149, Cod. civ.). Craignant, sans doute, que l'observation de cette disposition un peu sévère dans l'espèce n'entrave les relations commerciales, en gênant les négociations de la lettre de change, le Code de commerce, conformément à l'art. 1153, n'accorde au porteur, pour dommages-intérêts, que les intérêts de la somme formant le montant de la retraite. Du moins la loi commerciale n'a statué que sur ceux-ci; or, *qui dicit de uno negat de altero.*

La lettre de change étant un acte essentiellement commercial, le taux de ces intérêts doit nécessairement être celui qui est fixé en matière de commerce, c'est-à-dire de six pour cent (Loi du 3 septembre 1807).

Pour fixer l'époque à laquelle ces intérêts commencent à courir, il faut distinguer entre les intérêts de la somme qui formait le montant de la première lettre et ceux des frais occasionés par le refus de paiement. Les premiers courent de plein droit à partir du jour du protêt (art. 184, C. comm.); les seconds ne courent que du jour de la demande qui en est faite en justice (art. 185).

Lorsque le porteur prend la voie de la retraite, au lieu de former une action en garantie contre ses garans solidaires, les délais de dénonciation et de poursuites n'en courent pas moins; car le mode de la retraite, qui est un moyen donné au porteur de rentrer dans ses fonds, plutôt que s'il employait la voie de l'action, n'est point une diligence qui équivaille à la dénonciation et à l'assignation; et si la retraite n'était point payée, il s'exposerait, faute d'agir en justice, à encourir les déchéances que la loi prononce contre le porteur insouciant qui ne remplit pas les formalités qu'elle prescrit. Si la retraite est acquittée, le porteur, ayant obtenu ce qu'il avait à prétendre, les poursuites cessent à l'instant; mais, jusque-là, elles sont d'autant plus nécessaires et d'autant plus utiles pour lui, qu'il n'a pas d'autres moyens de faire courir l'intérêt des frais dont parle l'art. 185 précité.

3° Du compte de retour.

Nous avons vu ci-dessus que la loi donne au porteur le droit de réclamer, non-seulement le montant de la lettre protestée, mais aussi tous les frais légitimes qu'il a faits, soit à l'occasion du protêt, soit à l'occasion de la retraite, et enfin les intérêts de ces différentes sommes.

Le style concis de la lettre de change exigeant que toutes ces sommes ne soient point détaillées ni justifiées, mais comprises en total dans le corps de la retraite, deux inconvéniens se présentaient: d'une part, le porteur de mauvaise foi pouvait demander plus qu'il n'avait déboursé réellement; d'autre part, celui sur qui la retraite était tirée pouvait contester la véracité des dépenses qui y étaient portées et ne consentir à en payer le montant qu'après une preuve justificative qu'il était en droit d'exiger.

C'est pour obvier à ces deux inconvéniens que la loi a voulu que toute retraite fût accompagnée de sa preuve, établie par un état détaillé et justificatif des différentes sommes dont se compose le total qui y est porté. Cet état se nomme *compte de retour;* nous pouvons le définir: « Un état détaillé et justificatif des différentes sommes dont se compose la valeur totale de la retraite. »

Ce compte de retour comprend (art. 181 du Code com.) :

Le principal de la lettre de change protestée;

Les frais de protêt;

Les frais de commission de banque;

Les frais de courtage;

Les frais de timbre et ports de lettres, et tous autres frais légitimes, tels que frais de voyage, etc. Il énonce le nom de celui sur

7

qui la retraite est faite; cette énonciation sert à faire reconnaître que le compte est relatif à la retraite qu'il accompagne ; enfin le prix de change auquel la retraite est négociée. Il est certifié par un agent de change, mais comme il n'en existe que dans les villes où l'importance du commerce en a nécessité l'établissement, il doit être certifié dans les autres par deux commerçans. Cette condition est essentielle; elle trouve sa sanction dans l'art. 186 du Code de commerce, qui porte : « Qu'il n'est point dû de rechange, si le compte de retour n'est pas accompagné des certificats d'agens de change ou de commerçans, prescrits par l'art. 181. »

Le compte de retour doit être accompagné de la lettre de change protestée, du protêt ou d'une expédition de l'acte de protêt; cette expédition suppose que le porteur a droit d'en garder l'original. Mais par qui cette expédition peut-elle être levée? Le Code de commerce ne disant rien à cet égard, il s'en est sans doute référé au droit commun, qui n'accorde ce droit qu'aux notaires (loi du 25 ventôse an XI).

Enfin, l'art. 181 porte, dans son dernier alinéa, que : « Dans le cas où la retraite est faite sur l'un des endosseurs, elle est accompagnée, en outre, d'un certificat constatant le cours du change, du lieu où la lettre de change était payable, sur le lieu d'où elle a été tirée. »

Nous ne pouvons découvrir quel est le but de cette disposition. M. Rogron dit *que, dans ce cas, ce certificat est exigé, afin que l'endosseur qui se rembourse par une retraite sur le tireur puisse connaître ce rechange et le faire payer au tireur, qui doit définitivement le supporter, conformément à l'art.* 179, C. comm. Le même auteur ajoute : *Ce certificat n'est pas nécessaire dans le cas où le porteur fait sa retraite directement contre le tireur, parce que le compte de retour contient le prix du change auquel la retraite est négociée, qui, dans ce cas, n'est autre que le change du lieu où la lettre était payable sur le lieu d'où elle a été tirée.*

Nous sommes obligés d'avouer que nous ne voyons pas plus
l'utilité de cette disposition dans un cas que dans l'autre. Dans le
second, c'est-à-dire celui dans lequel la retraite est faite directement sur le tireur lui-même, ce certificat serait une simple inutilité, puisque son but serait de faire connaître une chose qui
est déjà nécessairement constatée par le compte de retour; mais
dans le premier, c'est-à-dire celui sur lequel statue le dernier
alinéa de l'article 181 du Code de commerce, nous y voyons plus
qu'une inutilité, et nous disons que l'observation de cette disposition, réalisée dans le but et dans la fin que M. Rogron donne à
ce certificat, serait une véritable incohérence avec le système
admis pour la retraite; car il n'est pas vrai de dire, comme le
pense cet auteur, que le tireur originaire supporte en définitive
ce rechange, puisque nous savons, au contraire, que, dans ce cas,
les rechanges ne se cumulent pas (art. 183 du Code de comm.);
que le tireur originaire est seulement tenu du rechange porté
dans la retraite, c'est-à-dire de celui que le porteur primitif a
payé pour la négocier, et que tous les autres sont supportés successivement par chacun des endosseurs, à mesure qu'il négocie
sa retraite, soit sur son endosseur immédiat, soit sur l'un des endosseurs qui précèdent celui-ci, et ainsi de suite, jusqu'au tireur
de la lettre protestée.

La loi ne sanctionne point par une peine particulière l'observation de ces formalités, à l'exception cependant du certificat de
l'agent de change ou des deux commerçans, ainsi que nous l'avons
fait connaître ci-dessus; donc, en vertu du principe que dans
notre droit les nullités ne se suppléent point, il faudrait abandonner les autres questions aux tribunaux, qui devraient alors
examiner si l'omission a un but frauduleux, si elle est substan-
tielle ou non. En tout cas, le dommage causé par l'omission doit
retomber sur celui qui l'a faite.

Des principes consacrés par l'art. 183 du Code de commerce,

que les rechanges ne se cumulent point; que chaque endosseur doit supporter celui qu'il paie pour négocier sa retraite, il s'en suit nécessairement qu'il ne peut être fait qu'un seul compte de retour, qui est remboursé d'endosseur à endosseur, respectivement et définitivement par le tireur de la première lettre (182 et 183 du Code de com. combinés). Par exemple: Une lettre de change de mille francs a été tirée de Strasbourg sur Paris, négociée successivement à Metz, à Châlons, et le paiement est refusé à Paris. Le porteur se rembourse par une retraite qu'il tire sur l'endosseur de Châlons et qu'il accompagne d'un compte de retour qui, outre le principal de la lettre de change protestée, comprend quarante francs de frais de protêt, de commission de banque, etc., et vingt francs de rechange; donc, en total, mille soixante francs. Cet endosseur de Châlons se rembourse à son tour par une retraite sur son endosseur de Metz; comme il doit supporter les trente francs qu'il paie pour négocier sa retraite, il ne peut faire de compte de retour; il lui fera payer seulement le compte de retour de mille soixante francs, qui a été envoyé de Paris. L'endosseur de Metz usera, à son tour, du droit qui lui est donné de se faire rembourser sur le tireur de Strasbourg. Devant aussi supporter les vingt francs de frais qu'il paie pour négocier sa retraite, il ne peut non plus faire de compte de retour, et son droit se borne à se faire rembourser celui de mille soixante francs qui a été envoyé de Paris.

Ainsi l'on voit, par cet exemple, qu'il ne peut nécessairement y avoir qu'un seul compte de retour, qui est remboursé successivement d'endosseur à endosseur, et définitivement par le tireur. On voit aussi que, quoique chaque endosseur avance deux rechanges, celui qui est compris dans le compte de retour et celui qu'il paie pour négocier sa retraite, il n'en supporte cependant qu'un seul, puisque le premier lui est remboursé par le garant sur lequel il tire, et en définitif est supporté par le tireur.

La loi commerciale, en donnant des moyens spéciaux pour assu-

rer le crédit de la lettre de change, n'entend certainement point
priver des moyens admis par le droit commun : aussi, dans l'espèce
dont il s'agit, le porteur, outre les moyens que la loi commerciale lui
donne de rentrer dans ses fonds, soit par la voie de la retraite,
soit par la voie de l'action en garantie dirigée contre ses garans
solidaires, pourrait encore invoquer les dispositions de l'art. 1184
du Code civil.

DROIT CRIMINEL.

DES CONTUMACES.

On appelle *contumax* celui contre lequel une procédure criminelle est dirigée, et qui n'a pu être saisi, ou ne s'est point
présenté dans les dix jours, après que l'arrêt de mise en accusation aura été rendu et notifié à son domicile, ou qui, après s'être
présenté, ou après avoir été saisi, se sera évadé.

Les formalités à observer alors, pour parvenir au jugement
du crime reproché, sont trop minutieusement détaillées par le
Code d'instruction criminelle, pour que, dans le peu de mots
que nous avons à dire, nous ayons à nous en occuper. Ce qui nous
a paru le plus intéressant dans cette matière, c'est de parler de
quelques questions qui découlent de la condamnation par contumace et des poursuites qui précèdent.

Avant même que le jugement de condamnation ne soit pro-
noncé, le contumax est déclaré tel par une ordonnance du président de la cour d'assises, ou, en son absence, du président du
tribunal de première instance, et, à son défaut, du magistrat
qui le remplace. Par cette ordonnance, il est déclaré rebelle à

la loi, s'il ne se présente dans un nouveau délai de dix jours; il est suspendu de l'exercice de ses droits de citoyen, ses biens seront séquestrés, et toute action en justice lui est interdite pendant le temps employé à l'instruction par contumace.

De cette ordonnance naissent déjà quelques questions:

1° La suspension de l'exercice des droits de citoyen influe-t-elle sur l'autorité paternelle ou la puissance maritale? Ainsi l'enfant pourra-t-il se marier sans le consentement de son père *contumax*, la femme ester en jugement, et contracter sans l'autorisation de son mari ou de justice?

Nous ne le pensons pas, par la raison qu'il ne faut pas être citoyen pour être père de famille ; un étranger n'est point citoyen et jouit des droits que la nature et la loi lui confèrent sur ses enfans et son épouse. Mais nous pensons qu'à l'égard des enfans qui auraient besoin du consentement de leur père contumax pour se marier, l'exercice de la puissance paternelle serait suspendu, en ce sens que le cas d'impossibilité de manifestation de sa volonté, prévu par l'art. 149, serait arrivé, et que le consentement de la mère suffirait.

Si un père contumax demandait judiciairement des alimens à ses enfans, cette action lui serait-elle refusée?

Par application de la loi, dans sa sévérité, nous dirons oui (*Dura lex sed lex*); la loi dit en effet: *toute action lui sera interdite*. Or, par ce mot *toute*, elle a entendu parler de toutes les actions possibles.

Quant à la puissance maritale, la femme, même majeure, ne pourra ni ester en jugement ni contracter sans l'autorité de justice; seulement il ne sera pas nécessaire que le mari soit entendu ou appelé (221 Code civ.), et l'autorisation pourra être accordée sur la seule demande de la femme, appuyée de la justification de l'ordonnance de contumace. Mais pourra-t-elle être générale, ou devra-t-elle être spéciale pour chaque cas où elle est nécessaire?

Elle devra être obtenue chaque fois que la femme en aura besoin (221, Code civ.); notre opinion, à cet égard, s'appuie encore sur la disposition générale de l'art. 222 du Code civ., qui dit que le juge pourra, *en connaissance de cause*, autoriser la femme. Or, cette connaissance de cause est celle du cas spécial pour lequel l'autorisation est demandée.

2° La séquestration des biens, qui a lieu pendant l'instruction, s'étend-elle aux revenus des biens de la femme et des enfans dont le contumax n'a que la jouissance.

La séquestration s'étendant sur tout ce qui compose la fortune du contumax, ces revenus faisant partie de sa fortune sont soumis au séquestre, mais sous l'obligation du fisc d'abandonner autant de revenus sur cette jouissance qu'il en faut pour l'entretien de la femme et l'éducation des enfans. L'autorité administrative ne pourrait pas s'appuyer sur les dispositions de l'art. 475 (qui porte que « des secours peuvent être accordés »), pour refuser d'accorder ce secours.

En effet, la jouissance des biens de la femme n'est donnée au mari que *ad sustinenda onera matrimonii*, et comme père, il n'a la jouissance des biens de ses enfans que sous les charges énumérées en l'art. 385 du Code civ.

La condamnation d'un des époux à une peine infamante étant pour l'autre époux une cause de séparation de corps et de biens (232 et 306 combinés du Code civ.), cette séparation pourra-t-elle être demandée immédiatement après l'exécution du jugement par contumace, ou ne sera-t-elle recevable qu'après la révolution des cinq ans de grâce? Nous pensons que l'époux ne sera recevable dans sa demande, qu'après ce délai, parce que l'infamie n'est réellement encourue par le condamné contumax qu'après ce laps de temps.

La disposition de l'art. 475 est entièrement fiscale et, quoiqu'il ne nous appartienne pas de critiquer la loi, cependant nous n'hésitons pas à dire qu'elle nous paraît injuste, et principalement par le motif, qu'indépendamment que le secours n'est que facultatif, le réglement en est encore abandonné au pouvoir administratif, qui peut, dans son allocation ou son refus, ne pas être équitable.

En réfléchissant sur cet article, nous avons trouvé qu'il présente la question de savoir si les termes *enfans, père, mère* sont restrictifs et ne doivent pas s'étendre à tous ceux auxquels la loi l'oblige le contumax à fournir des alimens, quand il sont dans le besoin.

Nous pensons que les termes de la loi ne sont pas applicables aux seules personnes énumérées, mais que tous ceux qui ont droit à des alimens ont aussi le droit de demander ce secours.

Mais, si l'autorité administrative refusait ce secours, sa décision est-elle inattaquable et devant qui pourrait-elle être attaquée?

En thèse générale, nulle décision administrative n'est inattaquable, et pour parvenir à la faire réformer, il faut suivre la hiérarchie des pouvoirs administratifs.

Mais, si jamais nous étions appelés à défendre une pareille question, voici comment nous raisonnerions:

Non intelligentur bona nisi deducto œre alieno.

De là, nous dirions: le fisc s'empare de la fortune de l'accusé; il doit la prendre avec les charges qui la grèvent; ces charges sont conventionnelles (comme les dettes), ou légales (comme les obligations qui naissent du mariage). Or, *qui sentit commodum, etiam incommodum sentire tenetur.* Donc, de même que le fisc ne peut se refuser à payer les créanciers, qui demanderont le paiement de leurs créances, de même ne doit-il pas pouvoir se refuser à des secours alimentaires?

Or, il se refuse. Alors, tout comme le créancier conventionnel, le créancier légal devra s'adresser à la justice ordinaire, qui *pourra* accorder le secours, en renvoyant toutefois à l'autorité administrative pour *en régler* le paiement. C'est ainsi que nous tâcherions de parvenir à concilier les dispositions des art. 203 et suivans, for-

mant le chapitre V du titre du mariage, au Code civ., avec l'art.
475 que nous examinons.

L'accusé condamné par contumace ne peut exercer le recours
en cassation contre le jugement rendu contre lui, parce que, pour
être admis à profiter de ce recours et du bénéfice de la loi, il faut
au moins avant tout ne pas être en état de rébellion contre elle. Ce
recours n'est permis qu'au procureur général et à la partie civile,
en ce qui la concerne. Cependant, si l'accusé est retenu pour cause
de maladie, ou par des affaires qui ne lui permettent pas de se
présenter, ses parens ou amis pourront proposer une exoine; c'est
alors aux juges à examiner si les motifs sont légitimes ou non.

Le Code d'instr. crim. n'ayant pas tracé deux modes de procéder
pour la mise en accusation, l'un pour le cas où le prévenu est
présent, l'autre pour celui où il est absent, il s'ensuit que l'arrêt
qui l'a prononcée conserve sa force et subsiste lors même que le
contumax se présente dans le délai qui lui est donné pour purger
sa contumace; mais toutes les procédures faites contre lui, depuis
l'ordonnance de prise de corps et le jugement rendu par contumace, sont anéanties de plein droit, et il sera alors procédé à un
nouveau jugement dans la forme ordinaire.

Cependant, si le contumax avait été condamné à une peine
emportant la mort civile, et qu'il n'eût été saisi ou ne se fût repré-
senté qu'après le délai de cinq ans écoulé depuis l'exécution du jugement par contumace, ce jugement conservera pour le passé les
effets que la mort civile aurait produits dans l'intervalle qui s'est
écoulé depuis l'expiration des cinq ans de grâce, jusqu'au jour où
le contumax aura comparu en justice.

A cet égard, il a été jugé par la cour de cassation, par un arrêt
du 20 juillet 1813, que le condamné contumax ne peut, en se
présentant et en déclarant acquiescer à l'arrêt, être admis à subir sa
peine; il faut nécessairement qu'il soit jugé de nouveau, à moins

que la peine ne soit éteinte par prescription. Cela est conforme aux art. 29 du Code civil et 476 du Code d'instr. crim.

Si, à l'occasion de cette nouvelle instruction, des témoins ne pouvaient, pour quelque cause que ce soit, être entendus de nouveau, leurs réponses écrites seront lues à l'audience, ainsi que celles des autres accusés et toutes les pièces que le président regardera comme étant de nature à répandre de la lumière sur le délit.

Enfin, lorsque le contumax se présente et qu'il est même absous, il supporte néanmoins les frais occasionés par la contumace.

FIN.